Anneliese Probst
Von Whisky, Wodka und anderen Lieblingen
Katzengeschichten

Zur Autorin

Anneliese Probst. Geboren 1926 in Düsseldorf. 1944 Abitur in Halle und frühe Heirat. Aufgrund einer Wette ab 1946 erste Schreibversuche. Von 1952 bis 1953 als Dramaturgin beim Kinderfilmstudio der DEFA. Schrieb das Szenarium zum Spielfilm »Der Teufel vom Mühlenberg«. 1971 Ehe mit dem Pfarrer Christof Seidler. 1978 Umzug von Halle nach Beesenstedt. Drei Söhne, vier Enkel. Veröffentlichungen: 44 Bücher in einer Gesamtauflage von über 1,5 Mill. Exemplaren, u. a. die Erzählungen »Das weiße Porzellanpferd«, »Die Legende vom Engel Ambrosio«, »Rund um den Taubenturm«, »Mein Wintertagebuch«.

Anneliese Probst

Von Whisky, Wodka und anderen Lieblingen

Katzengeschichten

Dingsda-Verlag

Für Christof,
der die Katzen ebenso liebt wie ich

Herausgegeben von Joachim Jahns

1. Auflage 1996
© Dingsda-Verlag Cornelia Jahns
Nebraer Str. 22, 06268 Querfurt
Lektor: Peter Slama
Titelfoto: Anneliese Probst mit Wodka
Foto auf der Rückseite:
Der Taubenturm im Hof des Pfarrhauses in Beesenstedt
(Die Fotos stammen aus dem Privatbesitz der Autorin.)
Alle Rechte vorbehalten.
Gesamtherstellung: Offizin Andersen Nexö Leipzig GmbH
ISBN 3-928498-52-5 (gebundene Ausgabe)
ISBN 3-928498-53-3 (broschierte Ausgabe)

Wie alles anfing

Wir hatten einen Pudel, einen schwarzen Kleinpudel namens Timm. Er war inzwischen schon 12 Jahre alt geworden, nicht sehr gut erzogen, klug, anhänglich und zuweilen auf eine uns immer wieder befremdende Art ungebärdig und wild. Ich hatte ihn für meinen jüngsten Sohn gekauft, damit er den Tod des geliebten Großvaters leichter verwinden sollte. Das war auch gelungen, allerdings waren die Versprechungen, sich gewissenhaft um das Tier zu kümmern, mit den Jahren in Vergessenheit geraten. So mußte ich allmählich immer mehr einspringen, das führte dazu, daß Timm ganz selbstverständlich zu meinem Hund wurde, verwöhnt, geliebt, und – siehe oben – nicht sehr gut erzogen.

Wahrscheinlich gab ich seinem Willen viel zu oft nach, das begriff er sehr schnell. Er wußte genau, wie er mich zu nehmen hatte und wann er sich gewisse Freiheiten herausnehmen durfte. Nur von mir ließ er sich alle 4 Wochen baden und fönen, nur ich kriegte ihn mit List und Tücke zur Tierklinik, wenn wieder einmal eine Behandlung notwendig wurde, nur von mir ließ er sich bürsten, aber auch bei mir konnte es geschehen, daß er dabei drohend die Zähne fletschte. Mit anderen Hunden geriet er leicht in Streit, Katzen konnte er nicht ausstehen, ansonsten aber war er ein lieber Kerl, der zu uns gehörte und der natürlich in jeden Urlaub mitgenommen wurde, unser schwarzer Begleiter, der zum Glück jede Eisenbahn- und jede Autofahrt sichtlich genoß und sich in der Fremde auch einigermaßen anständig benahm.

Mit ihm also kamen wir zurecht, an ihn hatten wir uns gewöhnt, an ihn hatten wir auch unser Herz verloren. An Katzen dachten wir nicht, sie interessierten uns nicht, wir bemerkten sie in der Stadt auch kaum. Wir hatten nichts mit ihnen zu schaffen – bis uns unser jüngster Sohn, der längst zu einem stattlichen jungen Mann herangewachsen war, eines Tages erklärte, daß er von einem Freund eine kleine Katze geschenkt bekommen hätte, eine winzige weiß-graue Katze, und was finge er nun mit ihr an? Jedenfalls bräuchte er erst einmal eine Kiste mit Sand als Katzentoilette, er bräuchte Milch und anderes Futter, und dann würde die Sache schon irgendwie ihren Lauf nehmen.

Ich seufzte.

Ich dachte: Ach du liebe Zeit!

Ich betrachtete meinen Hund, der zufrieden in seinem Korb lag und an einem Knochen nagte. Das hier war nun einmal ein Hunde-Haushalt, in dem eine kleine Katze nichts zu suchen hatte. Noch war ja nicht die Rede davon, daß sie hier Einzug halten würde, noch nicht, gewisse Ahnungen aber ließen sich in mir nicht unterdrücken.

Ich fragte: Was macht das Tier den ganzen Tag allein, wenn du auf Arbeit bist?

Spielen, antwortete unser Sohn, und schlafen und fressen, du kannst ja mal kommen und nach Whisky sehen.

Das tat ich schon am anderen Tag. Sehr leise und behutsam betrat ich eines der beiden großen Zimmer, die unser Sohn außer der Küche bewohnte, doch von der Katze war nichts zu entdecken. Auch im anderen Zimmer fand ich sie nicht, dafür fand ich zwei Pfützchen und einen kleinen, angetrockneten Haufen. Ich entfernte Pfützchen und Haufen, setzte mich danach etwas ratlos in einen Sessel, und weil ich nicht wußte, was ich tun sollte, wartete ich einfach.

Das Warten lohnte sich. Nach einer Weile schob sich ein weißgraues Etwas unter der Couch hervor, ließ ein helles, durchdringendes Jammern hören, setzte mitten auf den Teppich ein weiteres Pfützchen und tapste langsam auf mich zu. Ich bewegte mich nicht, rief nur immerzu leise seinen Namen und nahm es schließlich, als es an meinem Fuß zu schnuppern begann, auf meinen Schoß.

Das weißgraue Etwas namens Whisky drückte sich in meine Hand, schob sich fast zu einer Kugel zusammen, blinzelte mich an. Ich blies meinen warmen Atem über das Fell, berührte mit dem Mund das kleine Köpfchen, dabei hörte ich erstmals jenes zärtliche Schnurren, das mich späterhin so oft beglücken sollte. Ich hob das Kätzchen an meinen Hals, setzte es auf meine Schulter, nun rollte es sich vollends zusammen, legte den Kopf auf die Pfötchen und schloß die Augen, zufrieden schnurrend, es war nicht mehr allein auf der Welt, es fühlte sich allem Anschein nach bei mir wohl und geborgen, und ich, die ich Katzen bisher stets ausgewichen war, weil ich sie nicht sehr sympathisch fand, verlor in wenigen Minuten mein Herz an dieses weiche Wesen, nicht ahnend, was diese jähe Zuneigung am Ende für Konsequenzen nach sich ziehen würde.

Später kochte ich Whisky einen Grießbrei, stellte ihr frisches Wasser hin und säuberte die Sandkiste. Dann mußte Abschied genommen werden, das fiel mir schwer, Whisky spürte zum Glück nichts davon, sie schlief satt und glücklich auf einem Sofakissen.

Daheim rief ich Timm, ging mit ihm den üblichen Weg an der Saale spazieren, ließ ihn frei laufen und erklärte ihm später, als ich die Leine wieder angelegt hatte, daß möglicherweise eine große Veränderung in seinem Leben bevorstünde. Er wedelte aufgeregt mit dem Schwanz, bellte laut und zustimmend, obwohl er keine Ahnung hatte, um was es sich handelte, und ich streichelte ihn und dachte: Wenn du dem Kätzchen jemals etwas tust, kündige ich dir die Freundschaft!

Nach kurzer Zeit geschah, was ich vorausgeahnt hatte:

Unser Sohn fragte uns, ob wir Whisky nicht zu uns nehmen könnten, er wäre zu selten bei ihr und fürchte, daß die Einsamkeit sie gemütskrank machen könnte. Ich deutete auf Timm und sagte, daß letztlich die Entscheidung bei ihm läge; so gern ich Whisky schon hätte – den Hund könnte ich ihretwegen beim besten Willen nicht abschaffen.

Am nächsten Wochenende wagten wir das Experiment! Zusammen mit Timm betrat ich das große Zimmer, ich hielt den Hund straff an der Leine, um ihn zu mir ziehen zu können, sollte er auf das Kätzchen losstürzen. Dazu kam es jedoch überraschenderweise nicht. Vertrauensselig und fröhlich tapste Whisky auf den großen Kerl zu, und der wedelte mit dem Schwanz, stieß das Tierchen mit der Schnauze an, daß es über den Teppich kullerte, legte sich nieder, wartete, daß Whisky zu ihm zurückkehrte, leckte ihr das Fell, am Ende lagen beide friedlich nebeneinander, und für mich fing etwas Neues an: mein Zusammenleben mit Katzen!

An diesem Tag kehrte ich also mit zwei Tieren nach Hause zurück, richtete auch für Whisky ein Körbchen, sie nahm es aber nur kurz in Augenschein, sprang später in Timms Korb und machte es sich zwischen seinen Vorderpfoten bequem. Der alte Hund ließ es geschehen, beroch die kleine Katze, duldete, daß sie mit seinen Ohren spielte, und schlief schließlich mit ihr zusammen ein.

Na also, sagte ich, tief aufatmend. Das hätten wir geschafft. Allem Anschein nach gibt es auch bei Tieren so etwas wie Liebe auf den ersten Blick!

Die Freundschaft zwischen Timm und Whisky erwies sich als überaus tragbar, und als wir uns im Herbst für den Umzug aus unserer Stadtgemeinde in eine in der Nähe gelegene Dorfgemeinde rüsteten, war es ganz selbstverständlich, daß uns beide Tiere in das große Pfarrhaus nach Beesenstedt begleiteten. Es bot Platz für Mensch und

Tier, es nahm uns vom ersten Tag an freundlich auf, wir alle fühlten uns hier wohl, auch Whisky, die stundenlang wie ein weißes Federbällchen durch Stuben und über Treppen hüpfte, bis sie endlich erschöpft Timms Nähe suchte und bei ihm einschlief. Der alte Bursche allerdings wurde so um Weihnachten herum sehr krank, fraß nicht mehr, trank kaum, wurde schwächer und schwächer. Der Tierarzt, der zum Glück in unserer Nähe wohnte, versuchte ihm mit allen Mitteln zu helfen, am Ende aber erklärte er uns, nichts mehr tun zu können, der Krebs würde das Tier von innen her regelrecht zerstören. Er rate uns – wenn wir es fertigbrächten –, ihm die Erlösungsspritze geben zu lassen. Er sagte wirklich: Erlösungsspritze. Und er fügte hinzu, daß Menschen das Leid und die Schmerzen bis zum letzten Atemzug ertragen müßten, Tiere aber könnten von beidem erlöst werden, wenn eine Besserung ihres Zustandes ausgeschlossen wäre. Und das sei bei Timm leider der Fall.

Ich nahm meinen alten schwarzen Freund auf den Schoß, spürte, wie dünn er geworden war. Er atmete schnell, als ob er Fieber hätte, immer wieder packte ihn ein heftiges Zittern. Er drückte seinen Kopf dicht an meinen Körper, sicher suchte er bei mir Schutz und Hilfe. Ich flüsterte ratlos und hilflos seinen Namen, streichelte ihn, hielt ihn fest und wußte doch schon, daß ich dem Unausweichlichen preisgegeben war. Aber noch nicht gleich, nicht heute, morgen vielleicht, wenn es nun einmal sein mußte, morgen, das gab mir noch eine kleine Frist, das schob den endgültigen Abschied um ein paar Stunden hinaus. Timm, unser lieber alter Freund, hatte fast 13 Jahre lang unser Leben geteilt – und nun also das Ende?

Ich gab mich keinen Illusionen hin. Nachts nahm ich das kranke Tier mit in mein Bett, er rollte sich an meinem Fußende zusammen, aber an seinem Atem hörte ich, daß er nicht schlief. Ich schlief auch nicht. Und als wir am anderen Morgen bemerkten, daß er sich kaum noch auf den Hinterbeinen halten konnte, daß die Schmerzen ihm elend zusetzten, riefen wir den Tierarzt an.

Bis zuletzt hielt ich Timm auf meinem Schoß. Dann rettete ich mich zu der kleinen Katze, preßte sie an mich, weinte auf ihr weiches Fell und ahnte, daß auch hier wieder ein bitterer Abschied auf mich zukommen würde. Aber nicht jetzt, nicht sofort, später irgendwann, dieses SPÄTER lag zum Glück noch außerhalb der Zeit.

Timm wurde an der Gartenmauer begraben. Schnee fiel auf sein Grab und deckte es zu. Und die große Winterstille unseres Gartens deckte es zu, diese Stille, die nur vom Flügelschlagen einiger Krähen und Elstern unterbrochen wurde und vom Wind, der mit den vom Rauhreif überzogenen Ästen der Bäume spielte.

Im neuen Jahr durfte Whisky, der ich eine weiche Binde um den Hals band, an der ich sie führte, damit sie nicht fortlaufen konnte, jeden Tag, zusammen mit mir, einen kleinen Ausflug durch den Garten machen, damit sie ihre neue Heimat kennenlernen konnte. Oft zog sie mich dorthin, wo Timm lag. Manchmal fragte ich mich, ob sie ihn auch vermißte. Er war nicht mehr bei uns, dafür sprang die Katze lebendig und fröhlich durch das Haus und durch den Garten, der Kreislauf des Lebens begann von neuem, das Wissen darum half uns, die Trauer um unseren schwarzen Freund anzunehmen und zu ertragen.

Whisky

Als es Frühling wurde, durfte Whisky jeden Morgen allein das Haus verlassen. Welche Ängste ich stets fühlte, wenn ich ihr die Tür öffnete und sie mit erhobenem Schwanz davonstolzierte, wußte nur mein Mann, und auch ihm verheimlichte ich sie, so gut ich konnte, weil er mich regelmäßig auslachte. Sie kommt wieder, sagte er bestimmt, sie kommt wieder, sie hat sich lange genug an das Haus gewöhnt, gönne ihr die Freiheit. Du kannst eine Katze nicht so halten wie einen Hund, den du rufst, und dann springt er zu dir. Eine Katze kommt, wann sie will – aber sie kommt, da kannst du sicher sein!

Sie kam wirklich, das war für mich täglich ein kleines Wunder. Mit aufgeplustertem Schwanz und gesträubtem Rückenfell stand sie plötzlich vor mir, schnurrte um meine Füße, ließ sich aufnehmen und streicheln, fraß und trank und legte sich auf den Tisch mit der roten Tischdecke, um sich auszuruhen. Die rote Tischdecke hatte es ihr angetan, die feinen weißen Katzenhaare blieben nach jeder Wäsche im Gewebe hängen, ich fand mich mit ihnen ab, ich fand mich mit allem ab, was in irgendeiner Weise mit Whisky zu tun hatte. Ich liebte dieses Tier, wie ich unseren Hund geliebt hatte, schrankenlos und bedingungslos, es fehlte mir von Anfang an jener gewisse Abstand, den man eigentlich braucht, um über jeder Art von Sorge um den vierbeinigen Hausgenossen die selbstverständliche Freude an und über ihn nicht zu vergessen.

Außer auf der roten Tischdecke lag Whisky nachmittags auch schon mal schlafend auf einem Stuhl, zusammengerollt, sanft – kaum faßbar, daß sie jeden Fremden, der sie ahnungslos streichelte, wild und gefährlich anfauchte und zuweilen auch blitzschnell kratzte. Uns kratzte sie nie absichtlich, höchstens im Spiel. Ich hatte meist zerschundene Hände, weil ich gern und oft mit ihr spielte. Manchmal war sie mit meinen Zärtlichkeiten einverstanden und erwiderte sie, indem sie ihren Kopf gegen meinen Kopf stieß, dann wieder wehrte sie sich entschieden und wollte in Ruhe gelassen werden. Zu Christof kam sie häufiger als zu mir, vielleicht fühlte sie sich von mir zu sehr bedrängt, zu sehr in Besitz genommen. Sie rieb ihren Kopf an seinem Hals oder an seiner Schulter, lag nachts stundenlang auf seiner Brust oder auf seinen Füßen und schlief fest und friedlich. Prinzessin, sagte er leise zu ihr, sie blinzelte ihn mit einem Auge an, wackelte mit einem Öhrchen und schlief geruhsam weiter, er bewegte sich nicht, um sie nicht zu stören.

Eine einfache, schlichte Hauskatze, ohne Stammbaum, weggeschenkt, weil man sie nicht hatte töten wollen, nun gehörte sie zu uns, und wir mochten sie nicht mehr missen. Ich vor allem mochte sie nicht missen. Ich wollte sie bei mir behalten, wollte jeden Tag meine Nase in ihr warmes Fell stecken und ihr am liebsten die Freiheit versagen, weil ja immer die Möglichkeit bestand, daß sie einmal nicht mehr heimkehrte. Aber ich öffnete ihr die Tür, entließ sie in ihr eigenes, geheimnisvolles Leben. Und wartete. Und wurde belohnt durch ihre freiwillige Heimkehr und versuchte, ganz für mich, diese Katzenalltäglichkeit in Erkenntnis umzumünzen: Ein Besitz, der aus Sorge vor dem Verlust behütet wird, schenkt keine Freude, bereichert nicht, macht nur mißtrauisch und ängstlich. Zudem: Kein Lebewesen, nicht einmal eine Katze, läßt sich zu einem Besitz abwerten! Sie bleibt ein eigenständiges Wesen, das uns mit Vertrauen und Zuneigung begegnet und uns mit freiwilliger Treue beglückt, das uns aber auch Mut abverlangt, der nun einmal zu jedem Vertrauen gehört.

Whisky! Wenn ich in unserem ersten Frühjahr hier in Beesenstedt im Garten stand und nach ihr rief, dachten die Nachbarn, ich riefe nach Schnaps, lautstark und drängend. Ich wartete aber nur auf unser zartes Kätzchen, das langsam heranstakste, das seine Krallen an den Stämmen der Fliederbäume wetzte und im Mai zum ersten Mal Junge bekommen würde. Einmal wollten wir ihr Mutterfreuden gönnen, dann sollte sie sterilisiert werden, keiner von uns war imstande, jährlich einige Male junge Kätzchen töten zu lassen.

Ihre wilde Zeit kam praktisch über Nacht, hielt einige

Tage an und war ebenso plötzlich überstanden. Aber was waren das für Tage! Sämtliche Kater der Nachbarschaft hielten sozusagen um Whiskys Pfote an, sie genoß diese Verehrung sichtlich, würdigte uns kaum noch eines Blickes, kam erst spät am Abend liebesmüde heim, um am nächsten Morgen lautstark die Freiheit zu verlangen. Als sie einmal auch am späten Abend nicht heimgekommen war, öffneten wir den Heubodenverschlag an der gegenüberliegenden Scheune – da ruhte die Prinzessin erschöpft und selig in alten Heuresten, vier ihrer treuesten Verehrer saßen bei ihr und bewachten ihre Ruhe. Kaum daß sie uns sahen, sprangen sie davon, Whisky aber hob ihren kleinen Kopf, blinzelte uns an, schob sich zu uns und ließ sich bereitwillig von uns ins Haus tragen, sie schien von der Liebe erst einmal genug zu haben.

Während der Schwangerschaft verlangte sie in erhöhtem Maße nach unserer Zärtlichkeit. Sie strich um unsere Beine, sprang uns auf den Schoß, auch nachts verließ sie uns selten. Tagsüber aber genoß sie den Frühling im Garten, saß stundenlang im Fliederbaum, verjagte jede fremde Katze aus ihrem Revier, wirkte trotz des dicker werdenden Bauches zierlich und zart.

Ich indessen fragte mich, wo Katzen ihre Jungen zur Welt brachten, ob sie dabei unsere Hilfe brauchten. Ich stellte diese Frage auch anderen, die Auskünfte freilich, die ich erhielt, machten mich nicht klüger. In irgendeiner Ecke, hieß es, im Stall oder in der Scheune, häufig findet man die Kleinen nicht, die Mutter stellt sie erst vor, wenn sie schon so groß sind, daß kein Mensch sie mehr töten kann. Hat die Katze Vertrauen zu Ihnen, bleibt sie möglicherweise auch in Ihrer Nähe und bringt die Jungen vor Ihren Augen zur Welt. Es heißt, die Geburt bereite einer Katze weniger Schmerzen als die Empfängnis, eines Morgens sind die Kleinen da, und Sie müssen zusehen, wie Sie sie wieder loswerden!

An letzteres dachte ich ungern, andererseits war es selbstverständlich, daß wir nicht den gesamten Wurf großziehen konnten, das Pfarrhaus würde in kurzer Zeit zu einem Katzenhaus werden. Der Tierarzt wohnte in der Nähe, er würde uns schon helfen, kam Zeit, kam auch Rat. Das Katerchen, das am Leben bleiben sollte, würde Wodka heißen, dieser Name paßte zum Namen der Mutter, die Schnapskatzen des Pastors bewiesen zumindest mit ihren Namen eine gewisse Einmaligkeit.

Anfang Mai, als wir abends von einer Veranstaltung heimkamen, empfing uns Whisky mit teils kläglichem, teils erregtem Miauen. Sie wich nicht von unserer Seite, kroch unter meine Bettdecke, drückte sich an mich, schnurrte, als ich sie zu streicheln begann, atmete schnell, fand keine Ruhe. Es geht bestimmt bald los, sagte ich, und ich nahm mir vor, wach zu bleiben. Aber dann schlief ich doch ein und wurde erst wach, als mich Christof berührte und flüsterte: Mach Licht an, in meinem Arm wird es feucht!

Dann sahen wir: Whisky lag in seinem Arm und preßte ein weißgrau geflecktes Etwas aus ihrem Leib. Wie gebannt schauten wir zu, sahen, wie Whisky die Nabelschnur zerbiß, das kleine, blinde Kätzchen ableckte und Ordnung schaffte. Ich holte einen Karton, legte eine Decke hinein, nahm Whisky und das kleine Kätzchen vorsichtig auf und bettete beide auf die Decke. Den Karton stellten wir zwischen uns, ließen das Licht brennen und beobachteten voller Anteilnahme die Geburt zweier weiterer Kätzchen. Eines davon war schwarzweiß gemustert, das andere grauschwarz gestromt. Die einzelnen Geburten folgten in Abständen von einer halben Stunde aufeinander, jedesmal wurde die Nabelschnur zerbissen, das Kätzchen abgeleckt, schließlich die Nachgeburt aufgefressen, auch das eigene Fell geglättet, und dann kehrte Ruhe ein in der Wochenstube.

Der nächste Tag gehörte voll und ganz Whisky und ihren drei Kindern. Wir staunten, wie hübsch die kleinen Katzen aussahen und wie kräftig sie waren. Das schwarze Kätzchen mit dem weißen Bauch, dem weißen Kinn und den schwarzweiß gemusterten Pfoten war am kleinsten und am zierlichsten. Und das Erstgeborene, das in der Zeichnung der Mutter glich, war ein Kater. Zwei Katzen und ein Kater – da lagen sie im Karton und tranken sich satt, und Whisky lag still und glücklich neben ihnen, leckte ihr Fell, leckte sie sauber, verließ sie nur, um auf die Toilette zu gehen, zum Fressen und Saufen hatte sie keine Zeit.

Am liebsten hätte ich ihr alle drei Kätzchen gelassen, aber wenn ich die Folgen bedachte, war ich von der Notwendigkeit überzeugt, daß mindestens eines der Tiere getötet werden mußte. Der Kater Wodka und die Katze Mohrchen sollten am Leben bleiben, zwei Katzenkinder, für sie war unser Grundstück groß genug. Nur das namenlose Kätzchen wurde vom Tierarzt eingeschläfert, er kam nachmittags, vielleicht hielt er uns für überspannt, das sagte er nicht. Kein Mensch im Dorf rief ihn, um kleine Katzen töten zu lassen, man hatte hier andere Methoden, was sein mußte, mußte sein, der Doktor sollte sich um das große Viehzeug kümmern.

Von nun an hatten wir über eine gewisse Zeit hin unsere Katzen immer bei uns. Saßen wir abends im Wohnzimmer, stand der Karton mit den Tieren auf der Couch, später nahmen wir ihn mit ins Schlafzimmer, dort wurde er auf die Holztruhe gestellt, morgens nahm ich ihn mit in mein Arbeitszimmer, hier hatte er seinen Platz neben meinem Schreibtisch. So gewöhnten sich die Kleinen beizeiten an uns, und Whisky wußte sie, als sie sich wieder kurze Ausflüge gönnte, bei uns gut aufgehoben. Lange aber blieb sie nie fort! Leise maunzend kehrte sie zu den Kätzchen zurück, die, noch blind, aber schon sehr lebhaft, im Karton herumtapsten und immer hungrig nach Nahrung verlangten.

Als die Kleinen ein paar Wochen alt waren, bekamen wir von der Tierklinik den Termin für Whiskys Operation. Freitag nachmittag 15 Uhr.

Mir wurde bang zumute, aber ich ließ die Sorgen nicht an mich heran. Erst als ich Whisky in die große Reisetasche steckte und das aufgeregte Tier während der Fahrt im Auto durch Streicheln zu beruhigen versuchte, fragte ich mich, ob wir recht handelten. Gleichzeitig erinnerte ich mich an die vielen verwilderten Katzen, die um unsere Dörfer strichen, heimatlos, ausgesetzt, weil sie niemand nach der Geburt hatte töten wollen oder können, krank, mißtrauisch – wie überstanden diese Katzen den Winter? Nein, es mußte sein, es würde schon alles gut gehen.

Als Whisky die Beruhigungsspritze bekam, stieß sie einen kleinen, spitzen Schrei aus. Auf meinem Schoß schlief sie sofort ein, ein lebloser, zarter Tierkörper, ich legte sie auf den OP-Tisch und ging hinaus auf den Hof. Nach einer halben Stunde war alles vorbei. Sie hat ein sehr dünnes Bauchfell, sagte die Ärztin, ich hoffe, die Naht hält. Sie darf bis morgen nicht laufen, auch sonst muß sie sich ruhig verhalten. In einer Woche ziehen wir die Fäden, dann ist alles geschafft.

Daheim kam Whisky auf die Couch, die beiden Katzenkinder hielten Distanz. Ich hoffte, daß das Schlimmste überstanden war, aber das Schlimmste kam erst noch. Plötzlich begann Whisky zu toben, robbte über den Teppich, ließ sich nicht halten, wirkte aggressiv, böse. Folgen der Narkose. Es blieb uns nichts anderes übrig, als sie in eine Holzkiste zu setzen und die Kiste mit dem schweren Metallabtreter, der sonst vor der Eingangstür lag, zu bedecken.

Da saß nun unsere Katze, zitternd am ganzen Körper, sie ließ den Kopf hängen, taumelte, ein Häufchen Elend.

Und die Kleinen schlichen maunzend um die Kiste, hockten auf dem Abtreter, hielten Wache.

Am nächsten Morgen war Whisky wieder normal. Ich hob sie heraus, stellte ein Näpfchen mit Milch neben sie, sie trank es leer. Dann ließ sie sich in den Wochenbettkarton legen, sie verschlief den Tag, auch den nächsten. Am dritten Tag überraschte ich sie, wie sie auf meinem Bett ruhte und Wodka und Mohrchen in vertrauter Stellung bei ihr lagen und sich satt tranken, ihr Schmatzen war deutlich zu hören. Trotz Operationswunde, trotz Verband, trotz Schmerzen wußte Whisky, was ihr als Mutter oblag.

Ich setzte mich neben sie und streichelte sie. Sie schnurrte, ihre rauhe Zunge fuhr blitzschnell über meinen Handrücken. Ich brachte ihr Schabefleisch, das sie begierig fraß.

Nach einer Woche, als die Fäden gezogen waren, erinnerte nur der kahlgeschorene Bauch und die feine, sichtbare Naht an die überstandene Operation. Mit stolz erhobenem Schwanz führte Whisky ihre Kinder durch den Garten, beobachtete ihre Spiele, umsorgte sie, in ihrem Verhalten uns gegenüber änderte sich nichts. Immer wieder rief ich ihren Namen, zuweilen kam sie angetrabt wie ein Pferdchen und ließ sich liebkosen, dann wieder schien sie mein Rufen bewußt zu überhören, und wenn ich sie doch erwischte, fauchte sie und sprang von meinem Arm, ein Wesen, das keinen Gehorsam kannte, das kam und ging nach eigenem Belieben und das uns immer wieder durch Anmut, Grazie und Zuwendung beglückte.

Und dann, ein Jahr später, kehrte sie eines Abends nicht nach Hause zurück. Es war Freitag vor Pfingsten, ein warmer, sonniger Junitag, ich hatte vormittags im Garten gearbeitet, hatte immer wieder nach Whisky gerufen, hatte meine Unruhe, so gut ich es vermochte, unterdrückt. Aber nun am Abend konnte ich das nicht mehr. So lange war Whisky noch nie ausgeblieben, wohin war sie gelaufen, was war ihr geschehen? Ich stand im Garten und rief ihren Namen, ich suchte den Alten Friedhof nach ihr ab, ich fuhr mit dem Rad die Dorfstraße entlang, vielleicht hatte sie sich hier verlaufen und fand nicht mehr heim. Aber nirgends entdeckte ich eine Spur von ihr. Die Angst in mir wuchs, ich konnte sie vor Christof nicht verbergen, sie wurde nur größer, als ich spürte, daß auch er sich ernsthaft um Whisky zu sorgen begann. So riefen wir schließlich gemeinsam nach ihr, blieben bis tief in die Nacht auf der Bank vor dem Haus sitzen, warteten und wurden doch immer verzagter. Gingen irgendwann zu Bett, konnten nicht schlafen, wohin hatte es unseren Liebling verschlagen?

Am nächsten Tag suchten und riefen und warteten wir weiter. Ich fragte in der Nachbarschaft herum, auch dort war Whisky nirgends aufgetaucht.

Nur mit Mühe konnte ich meiner Arbeit nachgehen. Wodka und Mohrchen ließ ich sicherheitshalber im Haus, ich wollte sie nicht auch noch verlieren. Die Hoffnung, Whisky wiederzufinden, verringerte sich von Stunde zu Stunde. Nachmittags saß ich hinten beim Alten Friedhof auf einem alten Grabstein und weinte. Meine Phantasie zauberte schreckliche Bilder in meine Gedanken, ich sah die Katze von tausend Gefahren umgeben, und als sie spät am Abend noch immer nicht heimgekehrt war, sagte ich leise zu Christof: Sie kommt nie wieder!

Sie kommt, antwortete er. Sie kommt bestimmt! Sei nicht so kleingläubig! Sie weiß, wo sie hingehört, sie wird den Weg schon finden.

Wenn man sie nicht irgendwo eingesperrt oder weggefangen hat, sagte ich. Oder erschlagen. Oder vergiftet. Man weiß ja, was Menschen der hilflosen Kreatur antun können.

Mit solch schwarzen Gedanken erwachte ich am Pfingstsonntagmorgen. Strahlender Sonnenschein, Vogelgezwitscher, zwei fröhliche Katzenkinder, die durch die Wohnung tobten – voller Hoffnung stürzte ich hinunter, Whisky MUSSTE doch vor der Tür sitzen und Einlaß begehren! Aber wieder nichts, ein leerer Hof, ein leerer Garten, ich nahm meine Verzweiflung später mit auf die Orgelbank, die Choräle klangen alle etwas matt, Jubel sozusagen in Moll. Während Christof predigte, faltete ich die Hände und betete wie ein Kind: Lieber Gott, schick sie mir zurück.

Aber auch dieser Tag verging ohne Whisky, und auch der nächste, da verlor ich meine Hoffnung endgültig. Mühsam begann ich, mich mit dem Verlust des Tieres abzufinden, ließ am Dienstag morgen Wodka und Mohrchen erstmals wieder aus dem Haus, ich konnte sie nicht halten, sie waren die Freiheit gewöhnt. Die Haustür ließ ich einen Spalt offen, brühte mir die erste Tasse Kaffee, setzte mich traurig auf die Küchenbank und trank das schwarze Zeug so heiß wie möglich – da schreckte mich ein leises Miauen auf. Vor mir stand Whisky! Abgemagert, schmutzig, zerzaust! Sie blinzelte mich an und schmiegte sich an meine Beine. Ich nahm sie überglücklich auf den Schoß, drückte sie an mich, streichelte sie. Gab ihr später zu trinken und zu fressen und legte sie auf mein Bett. Dort rollte sie sich zusammen, sie schlief bis in den späten Nachmittag hinein, verlangte noch einmal nach Futter und schlief weiter bis zum nächsten Morgen, und ich stand vor ihr, dankbar und zugleich erschrocken. Sollte das von nun an häufig geschehen, mußte ich mit diesen Aufregungen leben lernen? Und wie lebte man mit diesen Aufregungen? Wie konnte ich mit ihnen leben, ich, die ich alles, was ich liebte, umklammern und festhalten und bewahren wollte, bewahren für alle Zukunft, dabei wohl wissend, daß mir, wie allen anderen Menschen auch, das Loslassen aufgegeben war, das Freigeben, das Sich-zurücknehmen? Wie konnte ich es lernen? Würden es mich meine Tiere lehren können?

Mittlerweile ist Whisky eine alte Dame geworden. Fünfzehn Katzenjahre zählen soviel wie etwa neunzig Menschenjahre. So gesehen geht es Whisky noch recht gut. Zwar schläft sie viel, aber auch früher schon hat sie die Winter fast im Winterschlaf überstanden. Ihr Schlafbedürfnis ist größer geworden, ihr Spielbedürfnis geringer. Bei schlechtem Wetter geht sie nur auf den Hof, wenn ich sie hinuntertrage und ins Gras setze. Kaum, daß sie getan hat, was man von ihr erwartet, steht sie wieder an der Haustür und verlangt lautstark, eingelassen zu werden. Nur hin und wieder geloppiert sie noch wie ein Pferdchen über den Rasen, ihre Sprünge sind längst nicht mehr so elegant wie früher, dafür ist sie zu dick und zu behäbig geworden. Aber alten Damen steht Langsamkeit der Bewegungen zu. Und sie haben Anspruch auf besondere Liebe und Fürsorge, beides wird Whisky in reichem Maße zuteil, sie nimmt das mit großer Selbstverständlichkeit hin, nur zuweilen verrät ihr lautes Schnurren, daß sie sich in dieser Liebe und Fürsorge wohlfühlt.

Nach Zärtlichkeit verlangt sie übrigens täglich. Ich muß sie auf den Schoß nehmen und streicheln, sie stößt ihren Kopf gegen mein Gesicht, schnurrt, drückt sich an mich, bis ihr meine Nähe zuviel wird und sie wütend davonspringt. Ich sehe ihr dann erleichtert nach. Solange sie noch so temperamentvoll ihren Willen bekundet, brauchen wir uns um sie keine Sorgen zu machen.

Einmal freilich in dem Sommer, als unser junger Kater Max starb, habe ich um sie große Sorgen gehabt. Da habe ich um ihr Leben gebangt, habe sogar in einer frühen Morgenstunde hinten an der Gartenmauer eine Grube für sie ausgehoben. Christof war mit Christenlehrekindern auf großer Fahrt, ich hütete zusammen mit unserer Enkelin Aline das Haus. Da bekam Whisky hohes Fieber, sie nahm keine Nahrung mehr zu sich und trank auch nicht. Ähnlich diffuse Krankheitserscheinungen wie bei Max, und Max hatten wir Wochen zuvor hergeben müssen, würde Whisky ihm nun folgen?

In mir wehrte sich alles gegen diese Vorstellung, ich war nicht bereit, ihren Verfall hilflos mit anzusehen, und so begann ich, ihr wenigstens teelöffelweise Wasser einzuflößen. Sie lag im Sessel, ich schlang vorsichtig ein Handtuch um sie, und dann öffnete ich ihr Mäulchen und ließ das Wasser hineinlaufen. Sie schluckte, schüttelte sich, wehrte sich, ich ließ nicht locker, zehn Teelöffel, und nach einer halben Stunde wieder zehn Teelöffel, auf diese Weise nahm sie wenigstens Flüssigkeit zu sich. Nach zwei Tagen hatte sich ihr Zustand insoweit gebessert, daß sie selbständig zu trinken begann, nicht viel, aber ein Anfang war gemacht. Auch etwas Milch nahm sie zu sich, feste Nahrung lehnte sie freilich ab.

Da nahm ich sie kurzerhand auf den Schoß, streichelte sie, flüsterte ihr ins Ohr, daß sie sich nun vernünftig verhalten solle, und dann schob ich ihr bröckchenweise etwas Fleisch zwischen die Zähne. Sie knurrte, sie wehrte sich, ich hielt sie fest, redete ihr gut zu, streichelte sie, und endlich, endlich begann sie zu kauen. Drei Stückchen Fleisch, nach einer Stunde wieder drei Stückchen, das ging über zwei Tage so, manchmal kam ich mir beim Füttern vor, als würde ich eine Gans nudeln. Zum Glück blieb der Erfolg meiner Mühen nicht aus, Whisky erholte sich, und als Christof von der Fahrt zurückkehrte, begrüßte sie ihn köpfchengebend, nicht so temperamentvoll wie sonst, aber keineswegs sterbensmatt.

Der Sommerwind wehte die Grube an der Gartenmauer zu. Für Whisky brauchten wir sie nicht. Noch nicht. Mit aufgestelltem Schwanz stolzierte sie zuweilen an der Grube vorbei, aber zu weiten Spaziergängen schien sie keine Lust mehr zu haben. Lieber lag sie in der Sonne und genoß die Wärme, ich schaute zu ihr hin, zufrieden, weil es ihr wieder gut ging, ich hoffte, es würde noch lange so bleiben.

Es blieb noch zwei Jahre so. Aber nach Whiskys siebzehntem Geburtstag setzte der Verfall sichtbar ein. Ein Krebsgeschwür am Ohr, das trotz Behandlung größer und größer wurde, war nur ein äußeres Zeichen der Krankheit, die nicht mehr zu heilen war. Wir kämpften lange um dieses Leben, wir wollten den endgültigen Abschied so lange wie möglich hinausschieben, wir wollten den Tod ausklammern. Und baten dann doch unsere Tierärztin, Whisky die erlösende Spritze zu geben. Zwischen dem Jasmin, wo sie so oft in der Sonne gelegen hatte, fand sie ihre letzte Ruhe. Ein langes, schönes Katzenleben war zu Ende, die Traurigkeit in uns war groß, nur langsam wich sie einem Gefühl der Dankbarkeit für diese siebzehn Jahre innigen Verbundenseins mit einem Tier, das uns durch seine Zuneigung, durch sein Vertrauen, sein einfaches Dasein täglich beglückt hatte und das uns nun auf Schritt und Tritt fehlte.

Wodka

Wodka war von Anfang an unser Schreihals!

Er schrie schon in der Wochenstube, leise, eigentlich war es damals mehr ein Piepsen. Als er die Couch und den Karton verließ und in der Wohnung umherstakste, machte er sich stets durch sein Schreien bemerkbar. Das blieb auch so, als er allein hinauskonnte in Hof und Garten. Jedesmal kehrte er schreiend zurück; es war kein ängstliches Schreien, es war ein fröhliches Schreien: Hallo, da bin ich, nehmt das bitte zur Kenntnis!

Das blieb über viele Jahre hinweg so, bis gegen Ende

seines Lebens. Denn jetzt, da ich dies niederschreibe, ist Wodka leider schon ein paar Jahre tot. Unser geliebter, dicker, fröhlicher Kater – er lebt nur noch in unserer Erinnerung, aber da ist er ganz gegenwärtig, und oft sagen wir zueinander: Weißt du noch, wie unser Dicker durch das Haus gehoppelt ist und nach Zärtlichkeit verlangte – weißt du es noch?

Wir wissen es, und wir erinnern uns wehmutsvoll, wie er schrie und schnurrte und liebeshungrig um unsere Beine strich. Schon bald wurde er schwergewichtig, es tat seiner Beweglichkeit keinen Abbruch. Behende und geschickt kletterte er auf jeden Baum, turnte in den höchsten Gipfeln herum, jagte auch im Haus mit seiner Schwester Mohrchen durch alle Zimmer, lag später erschöpft auf dem Teppich und schnurrte erwartungsvoll, wenn wir uns ihm nur näherten.

Im Gegensatz zu seiner Mutter suchte er stets unsere Nähe, er war längst nicht so aggressiv wie sie. Selbst wenn ihn Fremde streicheln wollten, ließ er es sich gefallen. Manchem Besucher sprang er fröhlich auf den Schoß und blieb dort schnurrend liegen, es interessierte ihn nicht, ob seine Gegenwart als angenehm empfunden wurde oder nicht; ihm war es angenehm, das genügte.

Die erste Maus seines Lebens fing er im Herbst an einem warmen Septembertag. Wir saßen draußen auf der Bank und genossen diesen stillen, versponnenen Altweibersommerabend, als Wodka, der bisher neben uns im Gras gelegen hatte, aufsprang und auf den Taubenturm zuschoß. Ein schrilles Quietschen, etwas Graues flog durch die Luft, wurde von Wodka aufgefangen, freigelassen, gefangen, und nun begann dieses für uns grausame Spiel zwischen Katze und Maus, der Ausgang lag von vornherein fest. Ich wollte hinübergehen und die Maus vor Wodkas Zugriff retten, aber Christof hielt mich zurück. Wir dürfen uns da nicht einmischen, sagte er, er folgt seinen eigenen Gesetzen und muß das Töten erst lernen. Schließlich besteht der Sinn seines Lebens nicht nur darin, sich von uns streicheln zu lassen.

Nach einer Weile verstummte das Piepsen. Wodka legte uns die tote Maus vor die Füße. Wir lobten unseren Kater, er nahm das Lob mit Würde entgegen, stelzte mit hochgestelltem Schwanz davon, Seemannsgang sozusagen, vor Stolz wußte er kaum, wie er die Beine setzen sollte.

Wodka, unser Großer, Dicker! Oft lag er auf der Mohairdecke und schlief tief und fest. Er war weich wie diese Decke. Manchmal vergrub ich meine Finger in seinem Fell, genoß diese Wärme und Weichheit. In solchen Augenblicken dachte ich zuweilen daran, daß er uns ein paarmal in Angst versetzt hatte – als kleines Katerchen bekam er plötzlich Fieber, wir riefen unseren Tierarzt, er gab ihm eine Spritze, konnte sich das Fieber nicht erklären, vielleicht kriegen wir ihn durch, sagte er, wir wollen es hoffen. So schnell, wie das Fieber gekommen war, verschwand es auch. Im Herbst später fiel mir eines Morgens auf, daß Wodka nicht hinauswollte. Ich nahm ihn auf, um ihn vor die Tür zu setzen, da schrie und knurrte er, wie er es bisher noch nie getan hatte. Ich setzte ihn erschrocken in den Sessel, streichelte ihn, sein Knurren verstärkte sich. Eine Weile später, als ich ihn nochmals hochnahm, begann er zu zittern. Wieder rief ich unseren Tierarzt, er kam gegen Mittag. Die Nieren, sagte er, er hat eine Nierenentzündung. Eine erneute Spritze, abwarten, hieß es, hoffentlich geht alles gut.

Es ging gut. Schon am Abend stakste Wodka durch die Wohnung, trank, fraß, ließ sich schnurrend aufnehmen und liebkosen. Ich legte ihn auf die Mohairdecke, er leckte meine Hand und kuschelte sich genußvoll in die Weichheit. Sorgenkind, dachte ich, dick und anfällig, wird das immer so bleiben?

24

Rührend zu sehen, wie sehr Wodka und seine Schwester Mohrchen in ihren ersten Lebensmonaten aneinander hingen. Da saßen sie nebeneinander und leckten sich sauber, lagen beieinander und schliefen eng aneinandergedrückt, tobten wenig später durch das Haus, sprangen sich an, kullerten über den Teppich, das ging nicht immer sanft zu, manchmal wurde mir beim Zuschauen himmelangst. Aber schon bald waren sie erschöpft, Mohrchen preßte ihren Kopf gegen Wodkas Bauch, er legte wie schützend die Hinterpfote um sie, so schliefen sie, ein Geschwisterpaar, einander so unähnlich wie nur möglich. Wodka, der Dicke, Mohrchen, die Zarte – von ihr wird später zu erzählen sein.

Mit einem knappen Jahr wurde Wodka kastriert, er überstand den Eingriff mit Leichtigkeit, war nun ein großer, ausgewachsener Kater, der keinen Nebenbuhler in seinem Revier duldete. Näherte sich ein männlicher Artgenosse, stellte Wodka den Schwanz auf, legte die Ohren an, duckte sich, knurrte warnend. Drehte der andere daraufhin nicht klugerweise ab, sondern kam vorsichtig näher, buckelte Wodka den Rücken und stürzte sich auf den angeblichen Feind, unter lautem Geschrei kullerten sie auf dem Rasen. Natürlich liefen wir, aufgeschreckt durch den Lärm, hinzu und versuchten die Streitenden zu trennen, das gelang nur schwer. Am Ende blieb Wodka als zerzauster Sieger zurück, den Kampfplatz zierten Fellbüschel, auch unser Dicker sah ziemlich gerupft aus. Aber das nahm er nicht zur Kenntnis. Er hatte den anderen vertrieben, so gehörte es sich, so fand das Leben wieder ins Gleichgewicht zurück, sehr zufrieden begab sich unser Dicker schließlich zur Ruhe.

Er war wirklich dick und groß. Kamen Gemeindeglieder, die nicht mehr gut sehen konnten, und Wodka sprang auf sie zu, riefen sie zuweilen erschrocken: Bitte nehmen Sie den Hund weg! Wenn wir amüsiert erklärten, daß es sich hier nicht um einen Hund, sondern um einen Kater handele, kam prompt die Frage, welcher Rasse er denn angehöre. Darauf wir, so überzeugend wie möglich: Er sei ein sibirischer Steppenkater! Ein langgedehntes ACH SO, ein staunendes NA DANN – die Mutigen bückten sich, um Wodka zu streicheln, die Ängstlichen machten einen Bogen um ihn, man konnte ja nicht wissen, allem Viehzeug, das aus Sibirien kam, war mit Vorsicht zu begegnen.

Die Mäuse, die Wodka fing, fraß er selten, er brachte sie uns als Geschenk. Ein junges Wiesel aber, das ihm einmal unter die Krallen kam, fraß er mit sichtlichem Vergnügen vollständig auf, er ließ sich nicht einmal durch unseren lauten Protest bei dieser Mahlzeit stören. Daß er später fast den gesamten Mageninhalt im Garten erbrach und einen weiteren Tag lang kein Futter anrührte, war wohl die ausgleichende Gerechtigkeit.

Kein Karton, keine leere Kiste und kein geöffnetes Schubfach waren vor ihm sicher. Genußvoll rollte er sich auf Papierresten, Holzwolle und Wäschestücken zusammen, Wodka, unser Kistenkater, alles, was er tat, so schien es uns, tat er mit Vergnügen, ganz im Gegensatz zu seiner Mutter wirkte er stets ausgeglichen und guter Dinge.

Seine besondere Vorliebe galt den Christenlehrekindern und den Konfirmanden, die zum Unterricht ins Pfarrhaus kamen. Kaum daß sie den Hof betraten, wuselte er um ihre Beine, warf sich auffordernd vor ihnen ins Gras und streckte ihnen seinen Bauch entgegen, und die Kinder streichelten und liebkosten ihn, manchmal hatten wir den Eindruck, daß sie mehr des Katers wegen zu uns kamen als des Unterrichts wegen. Wenn Christof sie später ins Haus rief, trabte Wodka hinterher, es war jedesmal ziemlich mühsam, ihn wieder aus dem Gemeinderaum zu locken. Die Kinder hätten ihn am liebsten bei sich behalten, aber darauf ließ sich Christof nicht ein, es wäre um ihre Aufmerksamkeit geschehen gewesen.

Auch die Gottesdienstbesucher, die im Winterhalbjahr vierzehntäglich zum Gottesdienst ins Pfarrhaus kamen, begrüßte Wodka fröhlich und voller Zutrauen, sie alle hatten ihren Spaß an dem großen, wohlgenährten, zutraulichen Kater.

Einmal allerdings war er zutiefst verstört und hilflos, wer weiß, was geschehen wäre, wenn wir ihm nicht zu Hilfe gekommen wären.

Es war an einem warmen Spätsommertag, hohe Wolkenschleier färbten den Himmel blaßblau. Der Westwind war mild, im Garten standen die Dahlien in voller Blüte.

Wodka war schon am Vormittag im Vorgarten verschwunden, er lag dort auf der Steinbank neben dem Fliederbusch. Von hier aus konnte er Straße und Vorgarten überblicken, von hier aus konnte er am Hang nach Mäusen jagen. Ab und zu schaute ich aus dem Fenster nach ihm, so hielt ich es übrigens mit allen meinen Katzen: Ich wollte immer wissen, wo sie sich gerade befanden.

Auf dem Alten Friedhof, der mit zu unserem Grundstück gehört, aber seit hundert Jahren als Friedhof nicht mehr genutzt wird, hausten seit langem ein paar Elstern. Durch ihr schnatterndes Rufen und Schelten wurden wir stets auf sie aufmerksam, wir schauten zu ihnen hin und fanden sie recht hübsch und ansehnlich. Allerdings kamen sie nie in unsere Nähe, und wenn wir uns einmal auf dem Alten Friedhof aufhielten, stoben sie schimpfend davon.

An diesem Tag nun erklang ihr Geschnatter plötzlich laut und drohend direkt am Haus. Es klang gefährlich. Ich lief erschrocken zum Fenster meines Zimmer und sah, wie unser Kater zusammengeduckt und starr vor Schreck unter einigen Blumenstauden im Vorgarten lag, während zwei ausgewachsene Elstern ständig im Tiefflug über ihm hinwegflogen und bösartig meckernd nach ihm hackten. Nicht weit von ihm entfernt saß ein Elsternjunges im Gras, mit aufgeplusterten Federn, anscheinend zu schwach, um davonzuflattern. Wahrscheinlich hatte es unter Anleitung der Eltern die ersten Flugversuche unternommen und schaffte nun die Heimkehr auf den Alten Friedhof nicht mehr.

Eine kurze Weile sah ich vom Fenster aus diesem Treiben zu. Dann kam ich Wodka zu Hilfe. Laut rufend und in die Hände klatschend stürzte ich in den Vorgarten, zog den Kater unter den Blumen hervor und trug ihn ins Haus. Er sprang die Treppen hinauf und verkroch sich unter der Bodentreppe. Hier hatten wir ein paar Bretter angebracht, auf denen wir allerlei Kram aufbewahrten, ein Vorhang verhüllte das Durcheinander. Hinter Schuhputzzeug und Möbelpolitur fühlte sich Wodka vor jeder Gefahr sicher, hier verbrachte er auch jede Silvesternacht, wenn die Feuerwerkskörper um unser Haus pfiffen. Heute hatten ihn keine Feuerwerkskörper erschreckt, sondern ein Vogelpaar, das sein Junges zu schützen versuchte. Immerhin war die Möglichkeit nicht von der Hand zu weisen, daß sich Wodka die junge Elster ohne das Eingreifen der Vogeleltern gern geschnappt hätte. Jetzt hockte er verstört unter der Bodentreppe, während die großen Vögel, immer noch wild mit den Flügeln schlagend und laut schreiend, das Vogelkind zum Hang trieben. So verlor ich sie endlich alle aus den Augen, auch der Lärm verstummte allmählich. Der Tag glitt in sein Gleichmaß zurück, Wodka freilich erschien erst gegen Abend wieder in unserer Mitte, sehr hungrig und sehr liebebedürftig und nun wieder ohne jede Angst.

Fast elf Jahre konnten wir unseren Kater bei uns behalten. Dann aber ließen seine Kräfte nach, nicht jäh und überraschend, sondern sehr langsam, anfangs von uns kaum wahrgenommen. Seine Spaziergänge durch Garten und Hof wurden kürzer, stundenlang lag er auf einer Wollkiste in unserem Basarraum und schlief. Obwohl er nach wie vor gut fraß, wurde er fühlbar dünner. Auch sein Bedürfnis nach Zärtlichkeit ließ nach, er spielte weder mit seinen Artgenossen im Haus, noch kümmerten ihn die fremden Kater draußen. Wir beobachteten ihn voller Sorge, da er aber keine Schmerzen zu haben schien, verschonten wir ihn mit Arztbesuchen. Immer wieder nahm ich ihn auf den Schoß und streichelte ihn, er schnurrte nicht mehr so laut wie früher, sondern sehr verhalten, ließ sich mein Streicheln aber geduldig gefallen, um sich, wenn ich ihn losließ, gleich wieder auf seine Wollkiste zurückzuziehen.

Nach etwa einem halben Jahr kam der endgültige Zusammenbruch dann doch sehr plötzlich. Das Fressen wurde verweigert, er trank auch wenig, das wenige erbrach er kurz darauf. Kaum konnte er sich noch auf den Beinen halten, erschöpft und unendlich müde lag er auf dem Fußboden, es fehlte ihm jede Kraft, um auf einen Sessel oder auf die Wollkiste zu springen. Nun trugen wir ihn doch zu unserer Tierärztin, die die Praxis seit kurzem übernommen hatte, sie meinte, ein Krebsleiden sei die Ursache des Verfalls. Sie wollte uns zur Tierklinik überweisen, aber wir lehnten ab. Langwierige Untersuchungen wollten wir unserem Freund ersparen. Wir warten noch ein paar Stunden, sagten wir, wenn es nicht besser wird, rufen wir Sie, dann müssen Sie kommen und ihn erlösen.

Wir sagten ERLÖSEN, nicht EINSCHLÄFERN oder gar TÖTEN. Wir wollten seinen Tod nicht, aber seinem stummen Leiden wollten wir ihn auch nicht überlassen. So legten wir ihn auf den Rasen in die warme Sonne, er streckte sich lang aus, schloß die Augen, atmete kurz und schnell. Wir streichelten ihn, wir wußten nicht, ob er es noch fühlte. Und als die Ärztin am Abend kam, nahm ich ihn auf den Arm, ich war sicher, daß er die Spritze nicht spürte. Er atmete noch einmal aus, und dann atmete er nicht mehr.

Später begruben wir ihn an der Gartenmauer, wir weinten um ihn, er fehlte uns sehr, unser dicker, fröhlicher Freund. Es war nur gut, daß unsere anderen Katzen noch um uns waren, sie trösteten uns durch ihre Nähe, so wurde der Schmerz langsam milder, doch dauerte es Wochen, ehe wir uns ohne ein Gefühl von Trauer, nur voller Dankbarkeit an ihn erinnern konnten.

Mohrchen

Und nun wenden wir uns Mohrchen zu, unserer feinen Dame, deren gekonnter Augenaufschlag ihr den Spitznamen – man mag es uns verzeihen! – »Lady Di« einbrachte, dieses zärtliche, scheue Tier, das anfangs vor jedem Fremden Reißaus nahm, sich uns aber mit großer Zutraulichkeit näherte und uns bis heute aufs engste verbunden blieb. Jetzt, da ich dies schreibe, ist sie schon 14 Jahre alt, ihre Zartheit hat sie verloren, ihre Behendigkeit aber behalten, trotz ihres Alters sitzt sie bei warmem Wetter noch immer gern auf dem Dachfirst der Scheune und betrachtet die Welt von oben.

Mohrchen, schwarz-weiß gemustert, anfangs sah sie aus wie ein Clown, wir mußten immer lachen, wenn wir sie ansahen. Das gab sich bald. Sie wurde sehr hübsch, und es hatte den Anschein, als wüßte sie dies auch. Zart, zärtlich, sie kratzte uns nicht einmal im Spiel! Aber auch sie hatte und hat ihre Eigenheiten. So mag sie es nicht, wenn wir lesen! Beharrlich bohrt sie dann ihren Kopf vor das Buch oder vor die Zeitung, legt sich auf unsere Brust, schiebt Buch oder Zeitung möglichst beiseite und gibt erst Ruhe, wenn wir alles weglegen und uns allein mit ihr beschäftigen. So war es früher, so ist es zuweilen noch heute. Löschten wir abends das Licht, um zu Bett zu gehen, wußte sie sofort Bescheid: Als erste saß sie im Schlafzimmer auf der Truhe und wartete, bis wir uns zugedeckt hatten. Meist kam sie zu mir, suchte sich ihren Platz an meinen Füßen und schlief eine Weile. Wurde ich nachts wach, war sie verschwunden, erst gegen Morgen kehrte sie mit leisem Gurren zurück, sprang mir auf die Brust, rieb ihren Kopf so lange an meinem Gesicht, bis ich sie schläfrig liebkoste. Irgendwann rollte sie sich zusammen und schlief nochmals ein, wenn ich vor ihr erwachte, schob ich sie beiseite und stand auf, sie blinzelte mich an, streckte sich, rollte sich auf den Rücken, ich mußte ihr den Bauch kraulen, bis sie davonsprang. Heute kriecht sie unter die Bettdecke, da ist es wärmer, alte Damen lieben die Wärme, das scheint bei Katzen ähnlich zu sein wie bei Menschen.

Mohrchen, unsere Zärtliche – noch im Teenageralter fing sie sich eine Haselmaus, fraß sie mit Haut und Haaren auf und erbrach kurz danach den gesamten Mageninhalt auf der Bodentreppe. Und kurz vor Weihnachten, als ich gerade die Betten frisch bezog, schlich sie knurrend ins Schlafzimmer. Ich sah mich verwundert nach ihr um, sie hielt einen großen Sperling im Maul, blieb stehen, wollte mir sicher zeigen, was sie da Gewaltiges vollbracht hatte. Christof nahm ihr den Vogel ab, er lebte noch. Wir legten ihn in eine Schachtel und stellten sie in die Waschküche, hoffend, daß ihm Mohrchen nichts getan hatte und wir ihn später wieder fliegen lassen konnten. Er starb aber dann doch.

Unsere jüngste Enkelin liebte Mohrchen von allen Katzen am meisten. Kam sie zu uns, schleppte sie Mohrchen durch alle Zimmer, lag längelang auf dem Bauch und schaute zu, wie Mohrchen fraß und trank, packte sie in den Puppenwagen und schob sie spazieren, spielte daheim selbst MOHRCHEN: Man mußte ihr die Milch auf den Fußboden stellen, auch Quarkspeise oder ein Butterbrot. Besuchte sie uns, rief sie schon auf der Treppe nach ihrer Lieblingskatze – daß sich diese zuweilen vor ihr versteckte, war bei der Heftigkeit der Zuneigung gut zu verstehen.

Und dann begann auch bei Mohrchen der Kreislauf des Lebens. Einmal mußten wir ihr Mutterfreuden gönnen, die Ärztin nahm die Sterilisation erst nach der ersten Schwangerschaft vor. Eine Woche lang gaben sich die Kater des Dorfes im Pfarrhof wieder ein Stelldichein, Mohrchen hielt sich kaum noch daheim auf, sie genoß diese wilde, liebestolle Zeit. Und auch ihr konnten wir später bei der Niederkunft helfen, vier kleine Kätzchen lagen diesmal im Karton, jedes war anders gezeichnet, der einzige Kater freilich war wieder weißgrau gemustert und ähnelte Whisky und Wodka, auch er bekam einen Schnapsnamen: Kümmel! Die anderen Kätzchen mußten ihr Leben lassen. Mohrchen, die ich währenddessen in ein anderes Zimmer trug, bemerkte den Verlust wohl. Unruhig suchte sie einen langen Tag nach ihren Kindern, nahm den kleinen Kümmel allem Anschein nach nicht als vollständigen Ersatz, ließ ihn kaum noch saugen, hielt sich stets nur für kurze Zeit bei ihm auf und schrie, da ihr die meisten Kinder genommen worden waren, schon nach einer Woche wieder lautstark und unverdrossen nach einem Kater.

Ich beschimpfte sie mit den schlimmsten Ausdrücken, das traf sie nicht.

Um so mehr traf sie mein striktes Ausgehverbot. Das aber kam überhaupt nicht in Frage: die nächste Schwangerschaft, und wieder mußten kleine Katzen getötet werden! Vorbei das Vergnügen, Mohrchen blieb im Haus, mochte sie noch so schreien und sich wie verrückt gebärden. Darüber konnten wir notgedrungen hinwegsehen und hinweghören. Daß sie allerdings ihren kleinen Sohn Kümmel vernachlässigte, durften wir nicht tatenlos hinnehmen. Da mußten wir eingreifen.

Das hieß: Ich mußte eingreifen! Also besorgte ich mir eine winzige Milchflasche, in der einmal Liebesperlen aufbewahrt worden waren, bereitete täglich eine dünne Babynahrung zu und ließ den kleinen Kerl aller halben Stunde an dem Fläschchen nuckeln. Nahm ihn, wenn ich Zeit hatte, auf meinen Schoß, schleppte ihn zuweilen in meiner Schürzentasche mit mir herum, gab ihm die Wärme, die ihm seine schöne, verrückte Mutter entzog, ließ dabei nicht nach, die Katzendame immer wieder an ihre Mutterpflichten zu erinnern. Sie wandte sich ihrem Sohn aber erst zu, als wir ihr auf Anordnung des Tierarztes täglich eine Anti-Baby-Pille verabreichten. Da endlich wurde sie ruhig, jammerte nicht mehr nach ihren Verehrern, lag bei dem Kleinen, ließ ihn saugen, nun bekam er Nahrung von zwei Seiten. Zuweilen stand Wodka vor dem Karton und beäugte den Neffen, Whisky hielt sich zurück, sie mischte sich nicht in die Kinderpflege ein, Mohrchen hatte damit genug zu tun, hin und wieder auch ich; abends und morgens gab ich dem Kleinen die Flasche, brachte ihn immer wieder in die Sandkiste, staunte, wie schnell er verstand, was er dort sollte. Mein Katzenkind, sagte ich manchmal zu Christof, ob wir ihn am Leben erhalten können?

Aber ja, antwortete er, schau nur, was er für einen dicken Bauch hat!

Er hatte keinen dicken Bauch, er war zart, fast zerbrechlich, aber er lernte sehen, und er lernte selbständig trinken und fressen, und eines Tages war auch er dem Pappkarton entwachsen und eroberte sich die nähere und weitere Umgebung. Mohrchen, nun endlich eine fürsorgliche Mutter, begleitete ihn, bis sie operiert werden mußte. Sie überstand alles gut, genoß das Krankenlager, ihr Sohn leistete ihr Gesellschaft, wenn er nicht mit Wodka durch die Gegend streifte. Sie ließ Kümmel saugen, kaum, daß die Wunde geheilt war, und später lag sie mit ihm unter dem Flieder im Hof, führte ihn durch den Garten und über den Alten Friedhof, war immer neben ihm, das blieb über lange Zeit hinweg so. Wenn er nach Schmetterlingen und Fliegen haschte, beobachtete sie ihn voller Nachsicht. Einmal brachte sie ihm eine noch lebende Maus und zeigte ihm, wie man nach ihr griff. Er stellte sich dabei so ungeschickt an, daß sie das Tier schließlich selbst auffraß. Kümmel, der Kleine – auch Mohrchen wandte sich eines Tages, so wie es alle Katzenmütter tun, von ihm ab und überließ ihn sich selbst, das begriff er nicht, jammernd sprang er ihr nach und stieß immer wieder seinen Kopf gegen ihren Bauch, erst als sie ihm eine Ohrfeige versetzte, schien er zu verstehen und ließ von ihr ab.

Es war gut, daß Wodka einen Spielkameraden suchte. Er nahm sich des Kleinen an, spielte mit ihm draußen und im Haus und leckte ihn immer wieder einmal gründlich ab. Kam der Schlaf über sie, lagen sie dicht aneinandergekuschelt, der Große-Dicke und der Kleine-Zarte, die Damen indessen hielten Abstand, stolzierten mit erhobenen Schwänzen an ihnen vorbei und wollten in Ruhe gelassen werden.

Über viele Jahre hinweg gab es mit Mohrchen weder Schwierigkeiten noch Probleme. Bei gutem Wetter hielt sie sich tagsüber stundenlang im Freien auf, am liebsten saß sie oben im Fliederbaum oder auf dem Schuppendach. Als sie das erste Mal auf das höhere Scheunendach kletterte, machte ihr die Höhe Angst. Sie schrie lauthals, wir wurden auf sie aufmerksam und lockten sie zu uns, aber sie lag längelang auf den Ziegeln und wagte keine Bewegung. Also holten wir die große Leiter, Christof stieg hinauf und rief immer wieder geduldig ihren Namen, ganz langsam rutschte sie heran, er konnte sie endlich greifen. Unten setzte er sie ins Gras, sie jagte mit großen Sprüngen zum Haus, dort nahm ich sie in Empfang. So etwas tust du nicht noch einmal, mahnte ich. Sie sah mich an, drückte sich fester in meinen Arm, nach einigen Wochen saß sie freilich wieder auf dem Scheunendach. Diesmal jammerte sie nicht, wir kamen ihr auch nicht zu Hilfe. Nach Stunden wagte sie endlich den Sprung vom Dach zur nächsten Esche, von dort auf die hohe Gartenmauer und von da ins Gras, wir lobten sie, und wir ahnten, daß sie von nun an häufig dort oben sitzen würde, der Hang zu Höherem ließ sich allem Anschein nach auch bei einer Katzendame nicht unterdrücken.

Doch dann, als Mohrchen schon reiferen Alters war und wir ihr keine Extratouren mehr zutrauten, verschwand sie eines Morgens im Garten und kam nicht mehr heim. Wir suchten sie, wir riefen nach ihr, wir sorgten uns um sie, alles wie gehabt bei Whisky vor vielen Jahren. Aber Whisky war jung gewesen, Mohrchen war keineswegs mehr jung, hatte sie sich verlaufen, war ihr Böses geschehen?

Wieder blieb Christof zuversichtlich. Sie kommt schon, tröstete er mich, nun sei nicht gleich so verzagt!

Ich war sehr verzagt und sehr traurig, und die Hoffnung, Mohrchen wiederzusehen, wurde von Stunde zu Stunde kleiner.

Hinter unserem Garten beginnt einer der Gründe, die von unserer Höhe zur Saale hinführen, der Kloschwitzer Grund, oder, wie es hier nach alter Sitte heißt *Die* Kloschwitzer Grund. Der Abhang vom Garten zum Grund ist mit Bäumen, Sträuchern und Gestrüpp bewachsen, es führt kein Weg hinunter, und für Menschen ist ein Durchkommen fast unmöglich. Für Tiere bilden Sträucher und Gestrüpp freilich kein Hindernis, für Katzen schon gar nicht. Hier irgendwo war Mohrchen verschwunden, ich rief und jammerte nach ihr, und als sie nach zwei Tagen noch immer nicht heimgekehrt war, wagte ich mittags den Abstieg von unserer Höhe ins Tal hinab.

Das heißt, ich *wollte* den Abstieg wagen. Leider kam ich nicht weit. Ich verfing mich in einer Brombeerhecke, stürzte und riß mir an einem alten Eisenpfahl, der hier seit Generationen vor sich hin rostete, eine tiefe Wunde in den linken Unterarm.

Eine Schrecksekunde, eine Schmerzsekunde, ich starrte auf das Blut, das aus der Wunde quoll, preßte mein Taschentuch darauf, stieg in den Garten zurück und zeigte Christof die Bescherung. Das muß genäht werden, sagte er, ich fahre dich sofort zur Ärztin. Wie hast du das bloß fertiggebracht?

Eine Antwort erübrigte sich. Er verband die Wunde notdürftig, ich wusch mir die Hände und band die Schürze ab, während er das Auto aus der Garage holte. Wir hatten Glück. Die Ärztin war noch da, so konnte die Wunde schnell gesäubert und genäht werden. Auf die Frage, wie das passiert sei, gab ich eine vage Antwort, ich schämte mich, meine verzweifelte Suche nach einer Katze einzugestehen. Bei den meisten Bewohnern unseres Dorfes waren Katzen eine Sache, um die man sich zwar kümmerte, an die man aber nicht sein Herz verlor. Verschwand eine Katze, nahm man eine neue ins Haus, es gab ja genug von dem Viehzeug. Möglicherweise dachte die Ärztin ähnlich, ich wußte es nicht, ich wollte es nicht wissen, eigentlich wollte ich jetzt nichts anderes haben als meine Ruhe.

An diesem Tag suchten und riefen wir nicht mehr nach Mohrchen, und da sie auch am anderen Tag nicht vor der Tür stand, war es uns endgültig klar, daß wir sie nicht wiedersehen würden. Die Wunde am Arm schmerzte, sie lenkte mich ein wenig von meinem großen Kummer ab. Nachmittags fuhr mich Christof wieder zur Ärztin, die Wunde wurde neu verbunden. Sieht gut aus, hieß es, kommen Sie in drei Tagen wieder, das genügt. Und schonen Sie möglichst den Arm!

Als ich daheim das große rote Tor aufschloß, damit Christof das Auto in die Garage fahren konnte, traute ich meinen Augen nicht. Da lag Mohrchen, sichtlich erschöpft, vor der verschlossenen Haustür. Ein Freudenschrei meinerseits, ein Augenblinzeln ihrerseits, und als ich sie aufnahm, um sie ins Haus zu tragen, war die Welt für mich wieder in Ordnung.

Sie fraß, sie trank, sie legte sich zur Ruhe. Sie war wieder da, das war die Hauptsache. Ein paar Tage bekam sie Stubenarrest, sie drängte auch nicht nach draußen. Sie schlief.

Leider erfuhren wir nicht, wo sie gewesen war. Von nun an allerdings achtete ich darauf, sie stets in unserer Nähe zu haben, einen so langen Ausflug unternahm sie zum Glück nicht wieder. Im Gegenteil. Das Alter machte sie häuslich. Während der kalten Jahreszeit streckte sie die Nase nur widerwillig in die frische Luft, erst das Frühjahr lockte sie nach draußen, aber ihre Kräfte ließen sichtbar nach, keine akute Krankheit, vielmehr Altersschwäche, Altersmüdigkeit. Da wußten wir, daß wieder ein Abschied auf uns zukam, wir wollten es nicht wahrhaben, wir wollten uns diesem ständig wiederkehrenden Kreislauf widersetzen – Geburt, Lebenszeit, Tod –, aber es blieb uns nichts anderes übrig, als diesen Kreislauf zu akzeptieren. Es gehörte alles zusammen, es war alles ein Teil des großen Lebensatems, dem auch unser eigenes Leben unterworfen war – und als sich der Sommer auf der Höhe befand, begruben wir Mohrchen neben ihrem Bruder Wodka hinten an der Gartenmauer, Mohrchen, unsere zärtliche Katze …

Wohin gehen die Katzen, wenn sie tot sind? hatte mich meine Enkelin vor vielen Jahren gefragt. Kommen sie in den Himmel? In den Katzenhimmel?

Damals hatte ich die Schulter gehoben und gesagt, daß ich es nicht wüßte. Jetzt tröstete mich diese Vorstellung, und ich dachte: Wenn es einen Katzenhimmel gibt, ist Mohrchen bestimmt dort!

Mausi

Es war an einem kalten, stürmischen Wintertag, als Christof mir sagte, daß sich im Garten unter dem Jasminbusch eine kleine, dünne, armselige Katze herumtreiben und jämmerlich schreien würde, ich sollte mitkommen und sie mir ansehen und dann sagen, was nun zu geschehen hätte.

Wir gingen zusammen zum Jasmin am alten Gartenhäuschen. Schon von weitem hörte ich ein leises, dennoch durchdringendes Schreien. Ein rotbraun-schwarzgrau gemustertes Etwas mit großen Augen hockte unter den kahlen Zweigen, huschte, als es uns wahrnahm, scheu und ängstlich tiefer in das Gebüsch, schrie um so lauter. Ich holte etwas zu fressen und ein bißchen Milch, wer weiß, wann sie zuletzt etwas bekommen hat, sagte ich. Sicher rennt sie, wenn sie satt ist, wieder nach Hause.

Falls sie ein Zuhause hat, antwortete Christof. Vielleicht hat man sie ausgesetzt, aus dem Auto geworfen, wie es jetzt Mode wird, eine verwilderte Katze ist das jedenfalls nicht.

Als ich kleingeschnittene Lunge und Wassermilch auf die Gartenbank stellte, schob sich die kleine Katze vorsichtig und nach allen Seiten Ausschau haltend aus dem Gebüsch. Wie eine scheue Maus, sagte ich, und schon stand der Name fest: Mausi. Das paßte überhaupt nicht zu einer Katze, aber was kümmerte uns das, wenn sie ihren Hunger gestillt hatte, würde sie hoffentlich wieder verschwinden.

Sie fraß nicht, sie schlang. Und dann trank sie den Napf leer und huschte, ohne uns eines weiteren Blickes zu würdigen, in Richtung des Alten Friedhofes davon. Wir sahen ihr erleichtert nach, wir hatten sie satt gemacht, nun ging sie uns nichts mehr an.

Dachten wir. Hofften wir. Sie sollte heimfinden, dorthin, wohin sie gehörte, wir hatten an unseren vier Katzen genug, eine fünfte brauchten wir nicht.

Am anderen Tag jedoch erklang vom Jasminbusch wieder klägliches Geschrei, und als wir nachschauten, sprang die kleine, dünne Tigerkatze auf die Gartenbank und sah uns erwartungsvoll an. Ich holte diesmal ein Tellerchen mit Kartoffelbrei, es war im Nu leer. Der Napf mit der Wassermilch wurde zur Hälfte ausgeschleckt, dann huschte das scheue Etwas davon, wir aber schrieben ein kleines Plakat: Graubraune junge Katze zugelaufen, bitte nachzufragen im Pfarrhaus. Das Plakat hängten wir an das schwarze Brett in unserer Kaufhalle, hoffend, daß sich der Besitzer schnellstens melden würde.

Er meldete sich nicht. Dafür meldete sich am kommenden Tag wiederum Mausi, laut und drängend, sie meldete sich fortan jeden Morgen und jeden Abend, es blieb einfach nicht aus, daß wir uns allmählich für sie verantwortlich fühlten. Als es Anfang März plötzlich zu schneien begann, schlossen wir ihr das kleine Gartenhaus auf, dort lag sie nachts auf einem Gartenstuhl, so war sie wenigstens vor der Nässe geschützt. Nicht aber vor der immer strenger werdenden Kälte. Es war im Grunde nur die logische Fortsetzung unseres ersten Fütterns, daß wir sie dem Schnee und der Kälte nicht überließen, sondern sie nun abends mit ins Haus nahmen. In den Gemeinderaum stellten wir eine Kiste mit Spreu, daneben einen Napf mit Wasser, Mausi rollte sich auf einem Stuhl zusammen, satt, zufrieden in der Wärme, und wir standen ratlos vor ihr und wußten nicht, wie das weitergehen sollte.

Wenn sie im Frühling verliebt sein wird, geht sie bestimmt ihrer Wege, meinte Christof. Bis dahin können wir ihr hier Asyl gewähren. Kommt sie abends, lassen wir sie ins Haus, aber wir rufen sie nicht. Möglich, daß sie der anderen Katzen wegen verschwindet, es wäre zu hoffen.

Wie inkonsequent, dachte ich. Wir sorgen für sie, und wir wünschen sie gleichzeitig fort. Fühlen uns verantwortlich und sind keineswegs verantwortlich. Oder etwa doch? Entsteht Verantwortung in dem Augenblick, wo man Not bemerkt und nicht wegschaut?

In diesem kalten Frühjahr wurde es bald zur festen Gewohnheit, daß Mausi am Spätnachmittag, wenn die anderen Katzen längst im Haus waren, schreiend vor der Haustür saß und Einlaß begehrte.

Wir ließen sie in den Gemeinderaum, manchmal nahm ich sie auf den Arm und streichelte sie, sie schnurrte nicht, sie schrie, aber sie blieb freiwillig auf meinem Schoß sitzen und wollte nicht mehr fort.

Eines Morgens freilich, Anfang April, wurde sie im Garten von einem unansehnlichen Kater erwartet, der sich, kaum daß er sie bemerkte, liebeshungrig auf sie stürzte, und Mausi, ebenso liebestoll, verschwand mit ihm auf dem Alten Friedhof. Endlich, dachte ich, schade, dachte ich. Ich räumte den Gemeinderaum auf, stellte Freßnapf und Kiste beiseite, war sicher, daß wir beides nicht mehr brauchen würden. Fühlte mich erleichtert, und da es an Pflichten in meinem Leben nie mangelt, wandte ich mich aufatmend wieder dem Alltag zu. Mausi würde bestimmt einem ihrer Liebhaber folgen und nicht mehr zurückkehren, vielleicht fand sie auch endlich in ihre ursprüngliche Umgebung zurück.

Ein paar Tage war von Mausi wirklich nichts mehr zu sehen oder zu hören, auch Christof, der jeden Abend am Jasminbusch nach ihr ausschaute, entdeckte sie nicht.

Aber dann, eine knappe Woche nach ihrem ersten Liebeserlebnis, saß sie wieder schreiend unter dem Jasmin, und als wir ihr, wie gehabt, zu fressen und zu trinken brachten, stürzte sie sich auf die Schüsseln, ließ sich weder durch unsere Gegenwart noch durch die Nähe ihrer Verehrer stören, wich unseren Liebkosungen aus, wurde durch die Kater regelrecht von uns abgedrängt und verschwand sehr bald erneut irgendwo im Gebüsch.

Wir werden sie nicht los, sagte ich, paß auf, sie kommt bald wieder jeden Abend, und wir, was machen wir auf die Dauer mit ihr?

Noch eine Weile leben lassen, sagte Christof, und kurz vor ihrer Niederkunft werden wir den Tierarzt bitten, ihr eine Spritze zu geben. Ein kurzes, aber schönes Katzenleben, was bleibt uns anderes übrig? Ich sehe keinen Ausweg.

Ich sah auch keinen Ausweg. Komm nicht mehr zu uns, Mausi, dachte ich. Wir planen deinen Tod ein, dabei steckst du so voller Leben – troll dich davon, hier erwartet dich letztlich nichts Gutes.

So etwas kann man denken, man kann es aber keinem Tier erklären. Füttern und versorgen und zugleich den Tod planen – ich klammerte diesen Gedanken aus, und als Mausi, nun wieder ruhig und nicht mehr katertoll, die Nächte wieder im Gemeinderaum verbrachte und später in meinem Arbeitszimmer, als ich sie morgens in den Garten entließ und sie mit schöner Regelmäßigkeit hinter dem Hügel am Komposthaufen verschwand, um abends mit der gleichen Regelmäßigkeit von dort wieder zu uns zu kommen, war mir, als gehörte sie schon dazu. Unsere anderen Katzen teilten diese Ansicht freilich nicht, sie hielten Mausi für einen frechen Eindringling, vor allem Wodka verteidigte sein Revier. Im Laufe dieser Wochen schlug er ein paarmal auf die kleine Katze ein und verletzte sie jedesmal am linken Vorderbein.

Allmählich wurde Mausis Bauch dicker, ihre Bewegungen wurden langsamer und träger. Der April verabschiedete sich, der Mai brach an. Eines Morgens erklärte Christof, daß er sich nun mit der Tierärztin in Verbindung setzen wolle. Mir verschlug es die Sprache, ich nickte nur, was sein muß, muß sein, und dann sollte es also schnell ein Ende haben mit dem Tier.

Die Tierärztin kam am späten Vormittag des gleichen Tages bei uns vorbei. Gern tu ich es nicht, sagte sie, nachdem wir ihr den Sachverhalt geschildert hatten, aber es ist natürlich noch besser, als das Tier sich selbst zu überlassen. Montag früh also …

Sie verabschiedete sich, ich ging in den Garten und rief nach Mausi, sie kam sogleich über den Hügel auf mich zu, ließ sich aufnehmen und streicheln, rieb vertrauensvoll ihren Kopf an meinem Gesicht, blieb, als ich im Garten zu arbeiten begann, in meiner Nähe, maunzte, gurrte, schrie leise, drängend. Ich setzte mich auf die Bank am Jasmin, sie sprang auf meinen Schoß, legte sich zurecht, war da. Und ich streichelte sie, und ich dachte: Wir können es nicht tun, wir bringen es nicht fertig. Wir haben sie nicht behütet in den letzten Wochen, um ihr am Ende den Tod zu geben.

Sie bleibt am Leben, erklärte ich am anderen Morgen. Ich rufe in der Tierklinik an und bitte um einen Operationstermin, sie muß sterilisiert werden, bevor sie die Kätzchen zur Welt bringt. Und dann …

Was dann? fragte Christof.

Dann haben wir eben 5 Katzen, sagte ich, irgendwie wird es schon gehen, und mit der Zeit werden sie sich alle aneinander gewöhnen.

Er sah mich an, liebevoll-skeptisch, er widersprach nicht, sicher war er so erleichtert wie ich, damit war die Sache also beschlossen.

Als ich, mit Mausi auf dem Arm, die Tierärztin am Montag empfing und ihr sofort unseren Entschluß erklärte, atmete sie auf. Es wäre mir sehr schwergefallen, sagte sie, ich bin Ihnen dankbar, daß ich die Spritze nicht zu geben brauche.

Mausi, auf meinem Arm, maunzte wieder, rieb ihren Kopf an meinem Gesicht, ließ sich streicheln. Ein schönes Tier, sagte die Ärztin, ein glückliches dazu, weil es Sie gefunden hat!

Wir schüttelten uns kräftig die Hand, und bei uns begann der Alltag mit Mausi. Der Alltag, der nur noch einmal unterbrochen wurde durch die Operation und die folgenden Tage.

Das alles ist inzwischen Jahre her. Mausi gehört längst zu unserer großen Katzenfamilie. Es werden zwar untereinander keine Zärtlichkeiten ausgetauscht, aber es kommt auch zu keinen Streitereien mehr. Selbst Wodka verlor ihr gegenüber bald seine Aggressionen, und gegen Ende seines Lebens kam es sogar vor, daß er sie hin und wieder leicht mit seinem großen Kopf anstieß und sie ihm die Vorderpfote auf die Nase legte, eigenartige Zeichen des gegenseitigen Annehmens, die mich stets erstaunten und rührten. Mit Kümmel verstand sie sich am besten. Als Kümmel krank wurde, wich sie nicht von seiner Seite. Aber davon später …

Im Laufe der letzten Jahre hat sich herausgestellt, daß Mausi wohl doch nicht so jung gewesen ist, als sie zu uns fand, wie wir angenommen hatten. Der Zustand ihrer Zähne hat es uns verraten. Sie hat schon viele Zähne verloren, braucht jetzt weiches Futter, ist aber sonst noch recht gesund und fröhlich. Der Hang nach Höherem ist bei ihr besonders deutlich ausgeprägt: Sie sitzt am liebsten auf den Lautsprecherboxen, auf Schränken und Regalen. Wenn irgendwo etwas herunterfällt, wissen wir: Mausi war wieder am Werk! Sie ist zart geblieben, ihre Scheu jedoch hat sie völlig verloren. Sind die anderen Katzen sofort verschwunden, wenn wir Besuch bekommen, so setzt sich Mausi fröhlich auf den Schoß der Gäste, ohne zu fragen, ob ihre Gegenwart erwünscht ist oder nicht. Nachts kommt sie oft zu uns und liegt auf unseren Schultern, meckert, wenn wir uns auf die andere Seite drehen, und ist empört, wenn wir morgens aufstehen. Es gibt aber auch Tage, da hält sie sich völlig zurück, verschwindet auf einem Schrank oder auf einem Regal oder in einem Wäscheschrank, dessen Tür für einen Augenblick offenstand, und kommt nur zum Vorschein, wenn sie auf die Kiste muß. Verständlich, daß wir sie häufig suchen, auf unser Rufen antwortet sie nicht, das hat sie nicht nötig. Sie kommt, wann sie will, läßt sich dann gern liebkosen und genießt die Tatsache, für kurze Zeit die Hauptperson im Katzenhaus zu sein.

Kümmel

Als unser kleiner Kater, gerade vierjährig, praktisch über Nacht schwer erkrankte und trotz aller ärztlichen Bemühungen sterben mußte, ließ mich die Traurigkeit lange Zeit nicht los.

Ich war voller einander widerstreitender Gefühle, fand meinen Kummer einerseits übertrieben, war aber ehrlich genug, um mir immer wieder einzugestehen, wie sehr der kleine Kerl mir fehlte. Die Frage, wie das hatte geschehen können, trieb mich um, es kam mir darauf leider keine Antwort.

Eines Morgens bemerkte ich, daß Kümmel nicht wie sonst fröhlich durch die Wohnung sprang, sondern zusammengeduckt auf einem Stuhl hockte. Als ich mich ihm näherte, schnurrte er zwar, knurrte jedoch, als ich ihn vom Stuhl heben wollte. Da ich ihn immer wieder beobachtete, bemerkte ich endlich, wie er langsam und mühsam in die Spreukiste stieg, aber kein Wasser lassen konnte. Das wiederholte sich etliche Male, immer ohne

Erfolg. Er nahm weder Nahrung noch Flüssigkeit zu sich und verfiel geradezu vor unseren Augen.

So fuhren wir nachmittags mit ihm zur Tierklinik.

Der Arzt fragte, ob er gegen Katzenstaupe geimpft worden sei, wir bejahten, wir hatten alle unsere Katzen regelmäßig impfen lassen. Kümmel kam an den Tropf. Wir wollen hoffen, daß sich sein Zustand bessert, sagte der Arzt, morgen müssen Sie auf jeden Fall wiederkommen.

Auf der Heimfahrt im Auto lag Kümmel auf meinem Schoß, sehr müde, sehr angegriffen. Daheim versuchte er wieder Wasser zu lassen, es gelang nicht. So versteckte er sich unter meinem Schreibtisch, ich setzte mich in seine Nähe und beobachtete ihn und die anderen Katzen. Wodka stakste heran, stieß dem Kleinen die Nase in die Seite, trottete davon, als Kümmel nicht reagierte. Whisky und Mohrchen blieben in der Nähe, sehr aufmerksam; als Kümmel unter dem Schreibtisch hervorkroch und sich unter den Tisch legte, ging Mohrchen zu ihm und leckte ihm das Fell. Dann ließ sie ihn wieder allein, hielt Abstand, schaute aber ständig zu ihm hin. Mausi jedoch legte sich neben ihn, blieb bei ihm die ganze Nacht. Manchmal stieß er leise, klagende Laute aus, lag lang ausgestreckt, fast sterbensmüde, auf dem Teppich. Ich saß – wie Mausi – in seiner Nähe. Ich konnte nicht schlafen, ich wollte ihm helfen, aber wie sollte ich ihm helfen? Beruhigend und liebevoll sprach ich immer wieder auf ihn ein, er antwortete zuweilen mit leisen Klagelauten, es war, als würde er weinen.

Am Morgen hatte sich sein Zustand dramatisch verschlechtert. Wir fuhren wieder mit ihm in die Klinik, er kam noch einmal an den Tropf, der Arzt riet uns, ihn einschläfern zu lassen. Er kommt nicht mehr hoch, sagte er, es hat ihn voll erwischt. Am besten, Sie entschließen sich gleich dazu.

Kümmel lag auf dem Behandlungstisch. Er war außer sich vor Angst. Ich trat von vorn auf ihn zu, um ihn zu beruhigen, da verbiß er sich in meiner linken Hand, der Schmerz nahm mir den Atem. Vorsichtig versuchte ich mich zu befreien, ich redete auf ihn ein, er sah mich an, erkannte mich, leckte mir das Blut von der Hand. Kommen Sie, sagte der Arzt erschrocken, wir müssen Sie verbinden, gehen Sie möglichst heute noch zu einem Facharzt, mit solchen Bißwunden darf man nicht spaßen.

So fuhren wir wieder heim mit dem kranken Tier. Dort ging das Elend weiter, der Kleine wurde schwächer und schwächer, würgendes Erbrechen kam dazu, nun hielt es auch Mausi nicht mehr neben ihm aus. Schließlich riefen wir unsere Tierärztin zu Hilfe. Sie versprach, ein schnell wirkendes Mittel zu besorgen und dann sogleich zu kommen.

Ich nahm meinen kleinen, geliebten Kater auf den Schoß. Er streckte sich wieder lang aus, so blieben wir, bis die Ärztin kam. Vorsichtig legte ich Kümmel auf eine Decke, nun rührte er sich nicht mehr. Ich ging aus dem Zimmer und verlor mich regelrecht in die Trauer, es war die Hand, die mich endlich in die Gegenwart zurückholte. Sie schmerzte immer heftiger, schon konnte ich die Finger nicht mehr bewegen. Also fuhren wir, nachdem wir Kümmel an der Gartenmauer begraben hatten, wieder nach Halle, der Chirurg säuberte die Wunde und legte mir eine Schiene an. Sie dürfen die Hand nicht bewegen, mahnte er, sonst gibt es Komplikationen, das wollen Sie sicher nicht.

Nein, das wollte ich nicht. Also kam die Hand zusätzlich noch in eine Schlinge, und ich mußte über Wochen hin alle Arbeiten einhändig verrichten, das nahm mich voll in Anspruch, notgedrungen traten die Gedanken an Kümmel und an sein jähes Ende zurück. Erst wenn ich zur Ruhe kam, krochen sie aus irgendwelchen Winkeln hervor, ich haderte mit mir, daß ich nicht Abstand zu wahren wußte in meinen Gefühlen Menschen und Tieren gegenüber, daß ich diesen Gefühlen ausgeliefert war und so schwer Maß zu halten verstand. Lag es daran, daß die Tiere, die mit mir lebten, für mich keine Sachen waren, die ich wegwerfen konnte, wenn ihre Zeit abgelaufen war, sondern Geschöpfe Gottes wie wir Menschen und daher wert, daß ich ihnen nicht nur mit Liebe entgegenkam, sondern auch um sie trauerte, wenn der Tod sie mir nahm? Und mußte ich eine solche Haltung nicht letztendlich akzeptieren, weil sie einfach meinem Wesen entsprach?

In dieser Zeit fiel mir eine Kopie in die Hände, eine Kopie eines Abschnittes aus einer uralten koptischen Bibel, die in der Nationalbibliothek Paris aufbewahrt wird.

Darin hieß es:

Und es begab sich, daß der Herr auszog aus der Stadt und ging übers Gebirg mit seinen Jüngern. Und sie kamen an einen Berg; dessen Straße war steil. Allda fanden sie einen Mann mit einem Saumtier. Sein Tier war niedergestürzt, denn er hatte es überladen und schlug es, daß es blutete.

Und Jesus trat zu ihm und sprach: Mensch, was schlägst du dein Tier? Siehst du nicht, daß es zu schwach ist für die Last, und weißt du nicht, daß es Schmerzen leidet?

Der Mann aber antwortete: Was geht es Euch an? Ich darf es schlagen, soviel es mir gefällt, sintemal es mein Eigentum ist und ich es gekauft habe um ein gutes Stück Geld. Frage die, so bei dir sind, denn sie kennen mich und wissen davon.

Und etliche von den Jüngern sprachen: Ja, Herr, es ist, wie er sagt. Wir haben gesehen, wie er es gekauft hat.

Aber der Herr sprach weiter: Seht denn nicht auch ihr, wie es blutet, und hört denn nicht auch ihr, wie es jammert und schreit?

Sie aber antworteten und sprachen: Nein, Herr, daß es jammert und schreit, hören wir nicht.

Jesus aber war traurig und rief: Wehe euch, daß ihr nicht höret, wie es schreit und klagt zum himmlischen Schöpfer um Erbarmen, zweimal Wehe aber dem, über welchen es schreiet und klaget in seinem Herzen!

Und er trat hinzu und rührte es an. Und das Tier stand auf und seine Wunden waren heil.

Zum Mann aber sprach er: Nun treibe weiter und schlage es hinfort nicht wieder, auf daß auch du Erbarmen findest …

Als der Sommer sehr allmählich und ohne scharfe Konturen in den Herbst überging, konnte ich meine Hand endlich wieder voll bewegen. Die warmen Tage nutzte ich, um unseren ziemlich verwilderten Garten einigermaßen in Ordnung zu bringen. Dabei bemerkte ich zuweilen hinten am Komposthaufen zwei kleine Katzen, eine schwarze und eine getigerte. Sie spielten im Laub und scharrten wohl auch nach Freßbarem; wenn ich mich ihnen näherte, stoben sie davon. Ich kümmerte mich nicht um sie, sie sollten verschwinden, sicher waren sie irgendwo in der Nähe zu Hause. Ich wollte keinen neuen Anfang mehr mit einem Tier, weil der Anfang das Ende einschloß, und vor dem Ende hatte ich große Furcht. Also klatschte ich in die Hände, wenn ich die Katzenkinder sah, und ich lobte Wodka, der sie ab und zu verjagte und danach stolz und siegessicher um meine Beine strich.

Das Ende schob sich in diesem Herbst jedoch trotzdem noch einmal in unseren Alltag, es traf eine uns fremde Katze, die wir eine kurze Weile fütterten, weil sie ständig Hunger zu haben schien. Wieder konnten wir nicht vorbeisehen, und wieder fühlten wir uns betroffen.

Ich will es so erzählen: Eine Allerweltskatze kam als junges Tier bei Leuten unter, kriegte zu fressen, zu saufen, schlief im Schuppen, bestand Liebesabenteuer, brachte Junge zur Welt, säugte sie, wandte sich von ihnen ab, kannte sie nicht mehr. Wurde zuweilen von den Menschen gejagt, auch geschlagen, wagte sich nicht ins Haus, saß nur hin und wieder wartend vor der Tür oder auf dem Fensterbrett, es war nicht nur das Futter, worauf gewartet wurde. Ein wenig Zuwendung, das Streicheln einer Hand, ein freundliches Wort, man verstand sehr wohl den Klang der Stimme, nicht das Wort an sich. Aber man wartete vergebens, so wandte man sich ab und lebte sein Katzenleben, ein paar Jahre lang.

Mit dem Alter freilich wuchs die Sehnsucht nach Geborgenheit. So machte man sich auf die Suche nach ihr und fand Menschen, die einem, wenn man sich schreiend näherte, nicht nur Futter hinstellten, sondern sich niederbeugten und einem das Fell streichelten. Da rieb man den Kopf an einer fremden Hand, schnurrte beglückt und trollte sich zufrieden, die eigenen Leute kümmerte das nicht, sie bemerkten es nicht einmal, sollte die Katze tun, was sie wollte, man hatte anderes zu bedenken.

Die fremden Menschen – also wir – konnten und wollten diese Katze, die da plötzlich hin und wieder auf unseren Hof kam, nicht zu uns nehmen. Es war nur eine Fürsorge par distance möglich. Dennoch bemerkten wir, daß die Katze plötzlich nicht mehr fraß, daß sie sich nicht mehr hungrig auf das Futter stürzte, sondern es nur beschnupperte und sich abwandte; unerklärlich diese Enthaltsamkeit, unerklärlich auch der neue Platz, der stets wieder aufgesucht und kaum noch verlassen wurde: eine Art Nest, bestehend aus Gestrüpp und Gras, direkt neben einer Mülltonne.

Dort lag die Katze tagelang. Wenn wir sie riefen, kam sie, ließ sich streicheln, miaute kläglich, nahm nichts zu sich, magerte sichtlich ab. Wir standen ratlos vor ihr. Man kann sie doch nicht so neben der Mülltonne verrecken lassen, sagte Christof.

Also benachrichtigte er die rechtmäßigen Besitzer. Es ist Ihre Katze, sagte er, Sie sind verantwortlich für sie, ob Ihnen das paßt oder nicht. Bringen Sie sie zum Tierarzt, das ist das mindeste, was Sie tun müssen.

Der Ernst, mit dem diese Forderung vorgetragen wurde, beeindruckte. Gegen Abend würde man zum Tierarzt gehen, allerdings nur, wenn die Katze zuvor heimkäme. Sie wäre seit langem nicht mehr heimgekommen.

Dem konnte abgeholfen werden. Christof trug die Katze, dieses armselige, atmende Stück Leben, von der Mülltonne geradewegs in die Arme der Besitzer. Und er sagte der Tierärztin Bescheid, und er würde morgen noch einmal nachfragen, vielleicht käme das Tier doch durch.

Es kam nicht durch. Trotz einiger Spritzen, die die Ärztin ihm gab. Doch es starb in einer warmen Küche und in einem warmen Korb. Es starb nicht verlassen und ausgestoßen neben einer Mülltonne!

Ich fragte mich in diesem Herbst, ob unsere Aufgabe etwa auch darin bestand, nach fremdem und verlassenem Viehzeug auszuschauen und einzugreifen, wenn wir Not bemerkten? Wohin aber sollte das führen? Nicht nur ein Pfarrhaus, sondern auch ein Katzenhaus? Ein Haus, von dem für Mensch und Tier gleichermaßen Geborgenheit und Schutz ausging?

Der Herbstwind wirbelte das Laub auf Kümmels Grab, der Rasen begann darüber zu wachsen, man konnte es kaum noch erkennen. Wir pflückten die Quitten vom Quittenbusch, der in der Nähe stand, auch die Haselnüsse vom Haselstrauch, die milde Herbstluft tat uns gut, wir genossen diese Jahreszeit, die mir die liebste ist im Kreislauf des Jahres. Unsere vier Katzen genossen diese Tage wie wir. Mausi lag stundenlang auf der Efeumauer, Whisky döste auf der Gartenbank, Mohrchen hockte verbissen vor Mauselöchern, und Wodka strich immer um uns herum. So hatte es ein Jahr zuvor auch Kümmel getan. Immer in meiner Nähe. Wenn ich das Mittagessen zubereitete, saß er auf der Küchenbank und beobachtete mich, wenn ich in den Garten ging, sprang er neben mir her, wenn ich schrieb, lag er neben mir auf meinen Papieren, und wenn wir abends den Fernseher einschalteten, sprang er auf meinen Schoß, rollte sich zurecht und war da. Nachts lag er am Fußende meines Bettes, mein kleiner Kamerad, mein Flaschenkind, die Trauer um ihn verlor sich allmählich, freundliche Erinnerungen blieben, und es blieb auch der Vorsatz: Nie wieder!

Wie brüchig dieser Vorsatz allerdings war, sollte mir der kommende Winter zeigen.

Miezi und Blacky

Der kommende Winter war wirklich ein Winter, zumindest zeitweise. Im Januar schneite es einen Tag und eine Nacht, es war kalt, der Schnee blieb liegen und verzauberte unseren Hof und unseren Garten. Wodka stapfte voller Wonne durch den tiefen Schnee, Whisky galoppierte wie ein Pferdchen bis zum Ende des Gartens, stakste langsamer heran, schüttelte sich und legte sich oben auf eine Heizung, dort blieb sie den ganzen Tag. Mohrchen und Mausi schauten bloß überrascht in die weiße Pracht, rümpften die Nasen und verzogen sich auf ihre Lieblingsplätze, dort träumten sie wohl von warmer Sommersonne. Der Schnee dämpfte alle Geräusche, die Stille wurde nur immer wieder unterbrochen vom Lärm der Krähenschwärme, die über unser Haus hinwegzogen.

Und dann spielte das Wetter verrückt: Gegen Abend begann es zu tauen, in der Nacht sank das Thermometer unter minus 10 Grad, am Morgen waren Straßen, Wege,

Höfe und Gärten spiegelblank, wer nicht hinausbrauchte, blieb im Haus, auch wir schlitterten nur mühsam zum Tor, um die Zeitung aus dem Briefkasten zu holen, aber natürlich gab es an diesem Tag keine Zeitung, wer hätte sie bringen sollen?

Als wir zurückschlitterten, sahen wir sie am Taubenturm sitzen: die beiden kleinen Katzen, die ich im Herbst so oft am Komposthaufen beobachtet und zuweilen auch von dort vertrieben hatte. Natürlich waren sie inzwischen gewachsen, aber sie sahen immer noch klein und zart aus, und jetzt waren sie hilflos dieser Eiswüste preisgegeben. Wohin sollten sie sich vor der Kälte retten und wo sollten sie etwas zu fressen finden?

Da saßen sie, eng aneinandergedrängt, und schrien kläglich. Und ich sah sie an, und ich dachte: Ich will nicht! Aber ich konnte wieder einmal nicht wegsehen. Also holte ich warme Milch und etwas zu fressen, die Schüsselchen stellte ich den Tieren vor die Nase, sie stürzten sich darauf, heißhungrig und unverdrossen. Ich schaute zu, sie taten mir leid. So holte ich eine alte Decke, schlitterte vorsichtig zum Gartenhaus, schloß es auf, öffnete die Katzenklappe in der Tür und legte die Decke über 2 Gartenstühle. Dann schlitterte ich ins Haus zurück, holte eine Schüssel mit Trockenfutter und lockte die beiden Wildlinge hinter mir her zum Gartenhaus. Sie folgten nur langsam, hielten sich in sicherer Entfernung, schlüpften erst durch die Katzenklappe, als ich nicht mehr in der Nähe war. Ich wartete eine Weile, ob sie wieder zum Vorschein kommen würden, sie blieben aber verschwunden.

Na also, sagte ich zu mir, da hat dich die Kreatur wieder herumgekriegt. Garantiert sitzen sie morgen wieder am Taubenturm, und du hast nichts Eiligeres zu tun, als sie satt zu machen. Dabei wolltest du nicht mehr, erinnerst du dich?

Ich seufzte. Nur füttern, dachte ich, auf keinen Fall ins

Haus nehmen. Da hinten aber sind sie wenigstens ein bißchen geschützt.

Am anderen Morgen war es immer noch kalt. Wodka drehte seine Runde im Hof, die Katzendamen blieben im Haus. In der Gartenpforte aber saßen erwartungsvoll die beiden Kleinen. Ich wunderte mich, daß Wodka sie nicht verjagte. Er betrachtete sie von weitem, buschelte den Schwanz, setzte sich in Positur, sprang jedoch nicht zu ihnen, sondern kam zu mir, stieß seinen Kopf gegen mein Bein und wollte ins Haus.

Als ich mich den Kleinen näherte, stürzten sie scheu davon. Zum Fressen aber kamen sie, ließen sich freilich nie anfassen. Der Schwarze war ein Kater, die Getigerte eine Katze. Da sie nicht namenlos bleiben sollten, nannte ich den Kater Blacky und die Katze Miezi. Vier Hauskatzen und zwei Hofkatzen – das dürfen wir keinem erzählen, sagte ich abends zu Christof, sonst hält man uns für total verrückt!

Das tut man schon, antwortete er, man ist nur zu höflich, um es uns ins Gesicht zu sagen. Wenn es wenigstens Kaninchen wären, dann hätten wir etwas davon!

Ich warf das Wollknäuel, das ich gerade verstrickte, nach ihm, verfehlte ihn, dafür traf ich Mohrchen, die sofort mit der Wolle durchs Zimmer flitzte und die Fäden überaus geschickt um sämtliche Stuhlbeine wickelte. Wie sie das zustande brachte, war mir ein Rätsel, trotz heftigen Bemühens konnte ich die Fäden nicht entwirren; so überließ ich Mohrchen seufzend das Knäuel, sie spielte noch eine Weile damit, dann erlosch ihr Interesse. Sie sprang auf einen Sessel, drehte sich ein paarmal um sich selbst, rollte sich zu einer Kugel zusammen und schlief ein.

Miezi und Blacky, unsere Wildlinge, kamen zum Fressen, wenn sie Hunger hatten, ansonsten lebten sie ihr freies Leben. An manchen Tagen sahen wir sie nicht, dann wieder spielten sie stundenlang auf dem Alten Friedhof herum und ließen sich von uns nicht stören. Über Wochen hin blieben sie ständig zusammen, rührend zu sehen, wie sie sich nach dem Fressen Köpfchen gaben oder sich gegenseitig ableckten. Erst im Frühjahr, als Miezi zum ersten Mal rollig war, trennten sich ihre Wege. Blacky, noch nicht erwachsen, wurde von fremden Katern gejagt und verprügelt, scheu und ängstlich verbarg er sich tagsüber im Gebüsch des Alten Friedhofes. Wenn ich mit der Futterschüssel kam und ihn rief, huschte er heran und schlang die Schüssel leer, um danach sogleich wieder zu verschwinden. Der kleine Kerl tat mir leid, aber ich konnte ihm nicht helfen, er mußte allein diese schwierigen Wochen überstehen, bis er kräftig genug war, um mit anderen Katern die Kräfte messen zu können. Zum Glück war bei Miezi die wilde Zeit bald vorbei, ruhiger geworden kehrte sie zu ihrem schwarzen Freund zurück, nun steckten sie ab und zu ihre Köpfe wieder gemeinsam in die Futterschüssel.

Und dann wurde Miezi dicker und dicker, kam Anfang Mai ein paar Tage überhaupt nicht zum Vorschein, ich hoffte schon, sie hätte sich ein anderes Zuhause gesucht. Die Hoffnung erfüllte sich natürlich nicht, eines Morgens war sie wieder da, schlank und hübsch, ihre beiden Kinder stellte sie uns erst viel später vor. Oder besser, sie stellten sich selber vor. Wir saßen in den Liegestühlen unter der großen Linde, da schoben sich zwei kleine, hübsche Kätzchen unter dem Fliedergebüsch hervor und beäugten uns neugierig. Miezi saß indessen auf einem Baumstumpf und ließ die Kleinen nicht aus den Augen. Wir waren entzückt und zugleich entsetzt – wie wollten wir bloß mit dieser drohenden Katzeninvasion fertig werden?

Bald bemerkten wir, daß der kleine Kater so ähnlich gezeichnet war wie unser Kümmel, weißgrau mit weißen Pfoten. Also nannten wir ihn Kümmel. Das graue Kätzchen erhielt den Namen Ginny, abgeleitet vom Gin – wieder zwei Schnapsnamen, so blieben wir im Rahmen des Gewohnten. Auch mit Miezis Sterilisation wollten wir im Rahmen des Gewohnten bleiben, aber das kluge Tier machte uns einen dicken Strich durch die Rechnung, es ließ sich trotz größter Bemühung nicht greifen, stob, wenn wir uns ihm näherten, davon, hielt mißtrauisch Abstand. Auch eine Katzenfalle, die wir uns im Dorf besorgten und in der Nähe des Futterplatzes aufstellten, brachte keinen Erfolg. Miezi strich zwar neugierig um sie herum, tat uns aber nicht den Gefallen hineinzuhuschen, legte sich statt dessen in der Nähe nieder und putzte sich genüßlich, wir mußten uns in unser Schicksal ergeben, ein paarmal im Jahr mit kleinen Kätzchen beschenkt zu werden. Es war uns natürlich klar, daß wir sie nicht behalten konnten.

Die hübsche kleine Miezi entwickelte sich zum Schwarm sämtlicher Kater aus der Nachbarschaft. Wenn ihre Zeit gekommen war, trieb sie es wild und toll, einmal wurde das Liebesgeschäft vor unseren Augen sogar auf dem Dachfirst des Schuppens, der die Hofseite zum Alten Friedhof einnimmt, vollbracht, wir sahen kopfschüttelnd zu und hatten am Ende Mitleid mit dem Kater, der nach getaner Arbeit von seiner Angebeteten eine kräftige Ohrfeige erhielt und fast vom Dach stürzte. Im letzten Augenblick konnte er sich noch im Fliederbusch festhalten, sichtlich verstört zog er über die Pfarrklause davon. Miezi saß unbeeindruckt weiter auf dem Dach, putzte sich und hielt nicht lange danach nach weiteren Verehrern Ausschau.

Und die Ergebnisse dieser Liebessekunden?

Im Laufe der Jahre mußte ich häufig auf die Suche nach den Kleinen gehen. Einmal fand ich sieben Kätzchen auf dem Heuboden eben jenes Schuppens, auf dessen First wir Miezi beobachtet hatten. Auf diesen Boden konnte ich nur gelangen, wenn ich mich vom Alten Friedhof aus durch eine schmale Öffnung unterhalb des Daches schob. Das artete stets zu einem akrobatischen Kunststück aus, brachte aber zumindest einmal den erwünschten Erfolg: fünf der niedlichen Kleinen legte ich in meine Schürze und brachte sie später zur Tierärztin, zwei Katzenkinder ließen wir Miezi. Wir nannten sie Wuschel und Wischel, sie fanden nach Wochen ein neues Zuhause im Kuhstall. Im nächsten Jahr brachte Miezi vier Junge auf dem Boden der großen Scheune zur Welt, sie waren alle schwarz-grau-rot gezeichnet, ließen sich natürlich, da wir sie nicht rechtzeitig gefunden hatten, nicht mehr greifen. Einen Sommer lang spielten sie fröhlich in Scheune, Hof und Garten, im Herbst jedoch erkrankten alle an der Katzenseuche und starben ziemlich schnell hintereinander. An eben dieser Seuche war auch Ginny aus Miezis erstem Wurf gestorben, der Kater Kümmel streifte inzwischen zusammen mit Blacky durch die Gegend und maunzte nur aller paar Tage einmal nach Futter. Allerdings hatte Kümmel allem Anschein nach die Feigheit seiner Mutter geerbt. Über lange Zeit hinweg saß er jeden Morgen auf der Mauer über dem Toreingang, kam aber nur zum Fressen herunter, wenn die Luft rein, das heißt, wenn kein fremder Kater zu sehen war. Nur mit Blacky vertrug er sich. Beide blieben uns über lange Zeit hin treu. In kürzeren oder längeren Abständen stellten sie sich ein, fraßen sich satt und trollten wieder davon.

Inzwischen scheinen sie allerdings entweder anderswo ein festes Zuhause gefunden zu haben, oder sie sind nicht mehr am Leben. Immer wieder einmal halte ich Ausschau nach ihnen und rufe sie, aber seit Monaten hat sich keiner von ihnen blicken lassen. Meine Trauer darüber hält sich in Grenzen, die Bindung an die freilebenden Tiere ist längst nicht so eng wie die Bindung an unsere Hausgenossen. Nicht einmal an Miezi, obwohl ich diesen Wildling von Herzen gern habe. Jeden Morgen und jeden Abend locke ich sie, sie saust aus irgendwelchen Verstecken zu mir und frißt, gehört dazu und gehört nicht dazu, ein Tier, das die Freiheit braucht und ein wenig, ein klein wenig, auch unsere Fürsorge.

Nachbars Vieh

Man sagt, daß sich Kinder immer zu Kindern hingezogen fühlen. Bei Katzen scheint das ähnlich zu sein. Jedenfalls war es bei uns über etliche Jahre hinweg so, vielleicht lag das aber auch nicht ausschließlich an den Katzen, sondern mehr an der mangelnden Fürsorge ihres Besitzers.

Unterhalb unseres Pfarrgrundstücks steht ein kleines Haus, das ein paarmal den Besitzer wechselte, seit wir im Pfarrhaus wohnen, bis endlich ein Ehepaar einzog, mit dem wir anfangs nichts zu tun hatten. Wir hörten nur durch Erzählungen anderer, daß es einige Nichten und Neffen bei sich aufnehmen wollte, da es selbst keine eigenen Kinder besaß. Die Nichten und Neffen zogen ein, sicher wurden sie mit viel Liebe umgeben und auch herzhaft ernährt, möglicherweise jedoch waren sie der Grund für das Durcheinander, das sich dort unten bald ausbreitete.

Wir sahen darüber hinweg, weil es uns nichts anging. Das Viehzeug aber, das immer häufiger unseren Garten bevölkerte, ging uns etwas an, da konnten wir Einspruch erheben, laut und deutlich, nur diese Sprache wurde verstanden.

Zuerst kamen die Katzen! Die Leute da unten hatten sich um ihre braungestromte Mieze nicht weiter gekümmert, eine Tochter von ihr, die der Mutter zum Verwechseln ähnlich sah, lief auch da ziemlich unbeachtet herum, wem die fünf Jungen, die plötzlich aus dem Schuppen wuselten, eigentlich gehörten, war unklar, beide Katzen hatten wohl ihren Anteil daran. Die Besitzer kümmerte es nicht, wie bisher brockten sie jeden Morgen zwei Brötchen in eine Schüssel mit Milch, das mußte für alle reichen, wer Hunger hatte, sollte sich Mäuse fangen. Mäuse gab es schließlich genug.

Die kleinen Katzen – zwei schwarze, zwei braune und eine schwarz-weiße – verließen sehr bald den Schuppen, in dem Stroh, Lumpen, Säcke und alte Kisten herumlagen, um sich die nähere und weitere Umgebung zu erobern. Die älteren Katzen, die hin und wieder auf unserer alten Gartenmauer gelegen hatten, waren sicher nicht entzückt, als ihre Kleinen unseren Komposthaufen und den anschließenden Pfarrgarten entdeckten und sich hier oben in der Sonne viel lieber aufhielten, als unterhalb des Hanges in ihrem Heimatumkreis. Dort unten schien die Sonne nur wenige Stunden am Nachmittag, oben bei uns aber waren den ganzen Tag über warme, sonnenbeschienene Plätze zu finden, wo man schlafen und spielen konnte – vor den fremden Katzen blieb man auf der Hut, es gab genügend Gebüsch und Unterholz, das Schutz bot.

Anfangs nahmen wir von den Kleinen kaum Notiz, sie sollten verschwinden, sie hatten hier nichts verloren. Bald aber sah ich, wie sie begierig nach Miezis und Blackys Futter schielten, das ich den beiden morgens hinstellte, täglich wagten sie sich näher an das Futter heran, ich mußte stehenbleiben und warten, bis sich zumindest die scheue Miezi sattgefressen hatte, sonst wäre sie regelrecht von der Schüssel verdrängt worden, so heißhungrig fielen die Kleinen über die Reste her, wenn ich, nachdem sich Miezi davongetrollt hatte, beiseite trat. Ich beobachtete das eine Weile, endlich ging ich zum Haus unterhalb unseres Grundstücks und verlangte vom Katzenbesitzer, sich mehr und besser um seine Tiere zu kümmern, ich könnte sie unmöglich auch noch ernähren.

Sie brauchen ihnen nichts zu geben, lautete die Antwort. Sie können sich selbst etwas fangen, es sind schließlich Katzen! Morgens kriegen sie Milch und Brötchen, das muß reichen. Jagen Sie sie fort, wenn sie zu Ihnen kommen!

Das war leichter gesagt als getan. Und das Futter reichte den Tieren da unten wirklich nicht. So stellte ich endlich doch jeden Tag einen großen Napf mit Futter in die Nähe des Komposthaufens, sogar die beiden Katzenmütter kamen und holten sich hier ein kleines Zubrot. Ihre Kinder blieben alle klein und zart und scheu, den größten Spaß hatten wir an dem schwarz-weißen Kater. Er war so drollig gezeichnet, daß man denken konnte, er habe einen Mittelscheitel. Wie Theo Lingen, behauptete ich, und da hatte er als einziger dieser Gesellschaft einen Namen: Theo!

Mit unserer Hilfe kamen die Tiere über den Herbst und über den Winter. Im Frühjahr jedoch waren sie plötzlich verschwunden. Erst erschien Theo nicht mehr, dann fehlte eine braune Katze, danach eine schwarze, und zum Sommeranfang ließ sich außer den beiden älteren Katzen niemand mehr bei uns blicken.

Die Jüngere von beiden war ein eigenartiges Tier. Während wir die Ältere ab und zu streicheln konnten, wich sie jeder Berührung aus, lag stundenlang auf der Eiche an unserem Gartenhäuschen und beobachtete uns; kaum aber, daß wir uns ihr zuwandten, verschwand sie wie der Blitz. Nachdem sie einmal von Wodka heftig verprügelt worden war, kam sie wochenlang nicht mehr, der Sommer ging ohne weitere Katzenplage zu Ende.

Dafür wurden wir von einer anderen Plage heimgesucht: nämlich von Nachbars Hahn und seinen vier Hennen!

Es war ein stolzer Hahn, und ein dummer dazu. Statt still und leise auf unserem Komposthaufen zu scharren und sich dort an Würmern und Käfern *sattzufressen*, stieß er immer wieder sein lautes Kikeriki in die Gegend und machte mich dadurch erst auf die neue Invasion aufmerksam. Die Hennen gackerten anhaltend, aber leise; wenn ich sie allerdings verjagte, klang ihr Gegacker lauter als der Schrei des Hahnes.

Solange sich das Hühnervolk am Komposthaufen zu schaffen machte, störte es mich nicht weiter. Ich wurde erst wütend, als sie sich unter dem Jasmin diverse Kuhlen scharrten und sich darin einbuddelten. Mein großes Blumenbeet mißbrauchten sie zu ähnlichen Zwecken. Da mußte ich einschreiten. Mit einem Stock bewaffnet, stürmte ich immer wieder schimpfend auf sie zu, laut protestierend flatterten sie davon, um es sich nach einer Weile erneut in den von der Sonne erwärmten Kuhlen bequem zu machen. Das wiederholte sich von nun an einige Male am Tag, bis mir die Geduld ausging und ich mich wieder einmal unten im Grund beschwerte.

Großes Verwundern, anhaltendes Staunen, dann die mehr oder weniger rhetorische Frage: Wie kommen die Biester denn bloß aus dem Stall?

Um darauf antworten zu können, sah ich mir den Stall an. Es war eigentlich mehr ein Bretterverschlag, an dem etliche Bretter fehlten. Ich wies auf die Lücken und drohte, dem Federvieh den Hals umzudrehen, wenn es sich wieder bei uns blicken lassen sollte. Der dicke, gutmütige Mann lächelte mich an. Das kriegen Sie sowieso nicht fertig, Frau Pastor, sagte er, aber lassen Sie nur, eins kommt am Wochenende in die Suppe.

Bleiben immer noch vier, antwortete ich. Und ich meine es ernst, ich habe Sie hiermit gewarnt!

Natürlich war das wirklich nur so dahingesagt, eine leere Drohung, ich könnte niemals ein Tier ins Jenseits befördern. Immerhin schien die Drohung gewirkt zu haben, eine Zeitlang ließen uns Hahn und Hennen in Ruhe.

Im Spätherbst aber, als ich mir Petersilie aus dem Garten holen wollte, scharrten sie fröhlich in meinem Spinat. Es war Winterspinat, der im Frühjahr geerntet werden sollte, aber die Ernte konnte ich vergessen. Die vier hatten sich vor allem die Herzblätter schmecken lassen, außer einigen halbwelken Blättern war von meinem Spinat nichts übriggeblieben. Alle Arbeit umsonst, das Umgraben, das Säen, das Hacken und Gießen, Nachbars Vieh hatte es sich schmecken lassen, und ich hatte das Nachsehen.

Diesmal wurde ich unten im Grund sehr laut. Ach herrjeh, stotterte der Mann, da sind sie wieder ausgebüxt, und ich habe den Stall doch repariert. Nun muß wieder eins in den Suppentopf, wenn Sie das beruhigt?

Es bleiben noch drei, sagte ich. Wie das so aussieht bei Ihnen, werde ich erst Ruhe haben, wenn sie alle aufgegessen sind.

Darin sollte ich recht behalten. Auch der Grünkohl mußte noch daran glauben, ehe im nächsten Frühjahr der Hahn als letzter im Suppentopf landete.

Und dann kam der Hund! Ein junger Schäferhund, der, wie Katzen und Federvieh, über den Komposthaufen in den Garten gelangte und mir fröhlich vor die Füße sprang. Wodka und Mohrchen verschwanden blitzschnell im Flieder, Mausi verkroch sich unter die Rhabarberblätter, nur Whisky blieb im Gras sitzen und fauchte den Eindringling an. Der Hund nahm keine Notiz davon, immer wieder stieß er mit seiner feuchten Schnauze gegen meine Beine, und als ich mich zu ihm beugte, um ihn zu streicheln, warf er sich aufjaulend auf den Rücken und streckte mir seinen Bauch entgegen.

Natürlich streichelte ich ihn, aber dann nahm ich ihn kurz entschlossen auf den Arm und ging wieder einmal hinunter zum Grund. Der dicke Mann kam sofort auf mich zu, neenunee – schrie er, jetzt war der auch schon bei Ihnen, was soll ich bloß machen? Besser aufpassen, antwortete ich. Einen ausgewachsenen Schäferhund kann ich nicht unter den Arm nehmen und Ihnen zurückbringen. Irgendwann müssen Sie das kapieren: Sie sind verantwortlich für Ihre Tiere! Wenn Ihnen das zuviel ist, hätten Sie sich keine anschaffen dürfen. Ein Glück, daß Sie nicht auch noch eine Kuh besitzen! Die würde sonst möglicherweise ebenfalls in unserem Garten erscheinen und ihn kahlfressen!

Die beiden braungestromten Katzen äugten um die Ecke und blinzelten mich an. Ich beachtete sie nicht, ich hatte nichts mit ihnen zu tun.

Dachte ich.

Daß dies ein Irrtum war, sollte ich bald erfahren.

Mini

An einem warmen Sommervormittag pflückte ich im Garten Johannisbeeren. Die Büsche stehen in der Nähe der alten Gartenmauer, die unser Grundstück zum Hang hin begrenzt, das kleine Gartenhaus, in dem wir unsere Gartengeräte aufbewahren, schließt sich an, die Gartenpforte neben dem Häuschen kann nur von unserem Garten aus geöffnet werden. Ich freute mich über die reiche Ernte, genoß die angenehme Wärme und den leichten Wind und schrak zusammen, als plötzlich die Jüngere der braungestromten Nachbarskatzen ganz in meiner Nähe von der Mauer sprang, ein kleines, piepsendes Kätzchen im Maul. Ich hielt den Atem an und bewegte mich nicht und sah, wie die Katze ihr Junges hinter den Wein legte, der sich am Gartenhäuschen emporrankt. Sie hielt sich dort allerdings nicht auf, kletterte geschickt wieder über die Mauer und kehrte wenig später mit einem zweiten Kätzchen zurück. Das wiederholte sich noch einmal, am

Ende kuschelten drei kleine Katzen hinter dem Weinlaub, während sich die Katzenmutter erschöpft am Jasmin zur Ruhe legte.

Ich seufzte. Und dann stellte ich die Schüssel mit den Johannisbeeren beiseite, ging leise zum Gartenhäuschen und hob die weichen Katzenkinder in meine Schürze. Sie piepsten und blinzelten mich an, ihre Mutter strich aufgeregt um meine Beine, ich redete beruhigend auf sie ein, aber natürlich nahm sie keine Notiz von meinen Worten. Eine Weile stand ich ratlos und hilflos auf dem Rasen herum, schließlich ging ich ins Haus, legte die Kätzchen in einen Karton und rief die Tierärztin an.

Was soll ich machen? fragte ich. Wieder drei kleine Katzen-Kinder, ich kann sie wirklich und wahrhaftig nicht behalten, können Sie helfen?

Sie kam kurz darauf, betrachtete die Kleinen, nickte fröhlich und meinte, sie seien kräftig genug, um ohne Mutter auskommen zu können. Die Frauen im Kälberstall würden sich bestimmt um sie kümmern, dort bekämen sie genug zu fressen und hätten es auch warm, und später könnten sie, wann immer sie wollten, auf Mäusejagd gehen.

Ich war erleichtert, das Problem hatte sich schneller gelöst, als ich befürchtet hatte. Ich streichelte die Kleinen noch einmal, und dann kehrte ich zu den Johannisbeeren zurück. Die Katzenmutter strich maunzend und gurrend durch Gras und Gebüsch, immer noch auf der Suche nach ihren Kindern. Sie tat mir leid, warum hatte sie sie auch in unseren Garten gebracht? Sie würde sie – hoffentlich – bald vergessen und in ein paar Wochen vielleicht erneut Junge bekommen … da maunzte es erneut leise und sehr kläglich hinter der Gartenmauer. Ich ließ beinahe die Schüssel mit den Beeren fallen, die Katze neben mir saß wie erstarrt. Da sie keine Anstalten machte, um über die Mauer zu springen, öffnete ich die Gartentür. Vor mir hockte ein winziges schwarzes Etwas mit verklebten Augen und struppigem Fell und wimmerte nach der Mama.

Na also, sagte ich. Nummer vier. Und was machen wir nun?

Ich nahm das schwarze Etwas in die Hand, betrachtete es genauer, stellte fest: Schön war es nicht. Aber es war da, und so setzte ich es der Mama vor die Nase. Sie leckte es ab und trug es hinter den Wein, den weiteren Tag über war von beiden nichts mehr zu sehen.

Das Tierchen wird bestimmt nicht lange leben, sagte ich abends zu Christof. Es scheint nicht gesund zu sein, fraglich, ob es überhaupt sehen kann. Ich werde eine Kiste mit einer Decke in das Gartenhäuschen stellen, vielleicht nimmt die große Katze das Lager an, dort wären sie erst einmal geschützt.

Anderentags führte ich den Plan aus. Die Katzenklappe ließ ich offen, am Nachmittag beobachtete ich zufällig, wie die Katze das schwarze Etwas in das Häuschen trug. Ich brachte zu fressen und zu trinken und ging meiner Wege, noch wollte ich weder mit der Mutter noch mit ihrem Kind etwas zu tun haben.

Das blieb über Wochen hinweg so. Die Katzenmutter ließ sich verpflegen, ansonsten wich sie uns aus, ihr schwarzes Baby war noch scheuer als sie und verkroch sich, wenn es mich nur hörte. So sah ich es erst wieder, als die Mutter erneut ihre eigenen Wege ging und nur zuweilen zum Gartenhäuschen zurückkehrte. Verständlich, daß es der Kleinen allein im Häuschen zu langweilig wurde. Vorsichtig und überaus neugierig eroberte sie sich den Garten, manchmal beobachtete sie mich, wenn ich die reifen Tomaten pflückte, dann wieder beobachtete ich sie, wenn sie erschöpft und müde im Gras lag und sich von der Sonne wärmen ließ. Jedesmal frage ich mich, was aus ihr werden sollte, die übersteht keinen Winter, dachte ich, was machen wir nur mit ihr?

Schließlich kam Christof auf die Idee, noch einmal die Tierärztin zu rufen, zwecks Spritze. Oder wollten wir sie etwa ins Haus nehmen?

Das wollten wir nicht. Im Grunde interessierte mich dieser dünne Wildling nicht, die anderen Katzen nahmen mich voll in Anspruch, wir hatten genug mit ihnen zu tun, also sollte die Tierärztin noch einmal kommen, vielleicht hatten die Frauen im Kälberstall auch noch Platz für dieses Tierchen.

Die Ärztin kam – aber die Schwarze war fort! Sie war nirgends zu finden, so sehr wir auch nach ihr suchten. Hatte sich das Problem auf diese Weise gelöst? Uns war das auch recht, Hauptsache, wir konnten dieses Kapitel abschließen.

Ach, welch ein Irrtum! Wir konnten dieses Kapitel keineswegs abschließen, eines Morgens war der schwarze Wildling wieder da, spielte um mich herum, stürzte sich auf das Futter, suchte die Mama. Die aber hatte sich mittlerweile endgültig aus dem Staub gemacht und ließ sich nicht mehr blicken. So blieb mir nichts anderes übrig, als mich um das Katzenkind zu kümmern, das langsam und zögernd zutraulicher wurde und sich nach Wochen – der Herbst war nah, die Nächte wurden spürbar kühler, und morgens dauerte es lange, ehe die Sonne die zarten Nebelschleier aufgelöst hatte – streicheln und sogar auf den Arm nehmen ließ. Mini, die Kleine, Zarte, Wilde – der Name bot sich an, er paßte zu diesem Wesen, das nun auch zu unserer großen Katzenfamilie gehörte, noch nicht im Haus, aber das war nur noch eine Frage der Zeit. Als der November mit Regen und Graupelschauern den Winter ankündigte, trug ich Mini erstmals die Treppen hinauf in unser Wohnzimmer und setzte sie auf den Teppich. Sie schaute sich verdutzt um. Sprang mit einem Satz auf den Schrank, drehte sich ein paarmal um sich selbst, rollte sich ein und schlief, von den anderen Katzen, die sie ja von draußen kannten, akzeptiert und angenommen.

Am anderen Morgen stand sie freilich jammernd unten vor der Haustür und verlangte nach der gewohnten Freiheit, ich entließ sie in den feuchten Herbsttag, noch war ich nicht sicher, ob sie wiederkommen würde. Aber sie kam wieder, hockte plötzlich vor der Tür, ich ließ sie herein, sie fraß sich satt und verschwand später im Kleiderschrank, dessen Tür ich dummerweise nur angelehnt hatte. Kuschelte sich in meine Pullover und war da. Für mich war sie allerdings unauffindbar, ich wußte, daß sie sich im Haus aufhalten mußte, wo sie steckte, wußte ich nicht. Ich rief nach ihr, suchte sie in allen möglichen Ecken, auf den Schränken, unter den Betten, suchte so intensiv, daß sich die anderen Katzen in ihrer Ruhe gestört fühlten und mitsuchten. Erst als Mohrchen ihre Nase in meine Pullover steckte und leise zu knurren begann, entdeckte ich die Kleine. Die wird uns noch manche Aufregung bereiten, dachte ich, klein, aber oho – es kann heiter werden mit ihr!

Und es wurde heiter!

Mit sieben Monaten schrie sie zum ersten Mal nach einem Kater, mit neun Monaten brachte sie im Flurregal hinter den Kochtöpfen drei winzige Katzenkinder zur Welt. Wir nahmen sie ihr voll schlechten Gewissens fort und ließen sie von der Tierärztin in den Katzenhimmel befördern. Mini nahm es gelassen hin, auch die Sterilisation einige Wochen später überstand sie gut. Jeden Morgen entließ ich sie in die Freiheit, wartete voller Bangen auf ihre Rückkehr, manchmal kam sie am späten Vormittag, manchmal am frühen Nachmittag oder am Abend, ich stand im Garten und rief ihren Namen wieder und wieder, war glücklich, wenn ich sie endlich im Arm hielt und sie ihren kleinen Kopf zärtlich an mein Gesicht stieß, und blieb nervös und unruhig, wenn sie ausblieb. Ich wußte nie, wo sie sich herumtrieb, wahrscheinlich strolchte sie im nahen Kloschwitzer Grund umher, sie führte ihr Leben, an dem ich nur teilweise Anteil hatte, um irgendwann auf meinen Schoß zu springen, sich zusammenzurollen und einzuschlafen. SIE bestimmte, was sie tun oder nicht tun wollte, ich hatte mich zu fügen, ob mir das paßte oder nicht. Es paßte mir überhaupt nicht, ich wollte diesen schwarzen Wildfang möglichst immer um mich haben, wieder einmal hatte ich mein Herz an eine Katze verloren, die Weisheit des Sprichwortes, daß man aus Schaden klug wird, bewahrheitete sich bei mir nicht. Ich wußte längst, daß Katzen sich mir nicht unterordneten, meine Tiere hatten es mich gelehrt; aber da Mini nun einmal bei uns eingezogen war, wollte ich sie für mich haben, sie wollte das nicht, in diesem ungleichen Kampf blieb sie täglich Sieger.

Um so beglückender die Augenblicke ihrer Heimkehr, stets für mich ein kleines Wunder. Und war sie endlich im Haus, ließ ich sie an diesem Tag bestimmt nicht noch einmal in die Freiheit.

Einmal allerdings trickste sie mich auf geniale Weise aus, da spielte sie regelrecht mit mir. Ich hatte in unserem Schlafzimmer das Fenster geöffnet und auch die Tür nicht geschlossen, bisher hatte noch keine unserer Katzen vom Schlafzimmer den Sprung in die Tiefe gewagt. Unser Haus steht am Hang, das Schlafzimmer liegt auf der Hangseite, bis zum steil abfallenden Erdboden sind es vom Fenster aus etliche Meter. Ich trug also Mini nach oben und setzte sie in der Küche vor den Milchnapf. Sie trank, sie putzte sich, sie verschwand – und als ich einige Zeit später aus der Haustür trat, saß sie draußen fröhlich vor mir. Ich staunte, ich begriff nicht, nahm sie wieder auf den Arm, trug sie die Treppe hinauf und ließ sie frei – und sie verschwand wieder, um mich vor der Haustür zu begrüßen.

Da endlich ahnte ich, was hier gespielt wurde. Ihr war das Fenster nicht zu hoch, mit Leichtigkeit glitt sie am Haus hinab in die Tiefe und kam über den Vorgarten wieder in den Hof. Also Fenster geschlossen und besser aufgepaßt, dennoch entwischte sie uns im Laufe der Jahre trotz aller Vorsicht etliche Male, wir waren ihrer nie sicher, ihr Freiheitsbedürfnis war zu groß. Nur bei kaltem, regnerischem Wetter kehrte sie morgens sehr bald heim, kuschelte sich in die Wärme und verschlief den Tag, und ich freute mich über ihre Nähe, über ihr Dasein, streichelte sie immer wieder einmal, dann hob sie den Kopf, schaute mich an, oder sie drehte sich auf den Rücken und bot mir ihren Bauch dar, ein Zeichen besonderen Vertrautseins, das ich wohl zu schätzen wußte.

Mini, die Kleine, Zarte, Wilde – eines Sommers blieb sie drei Tage verschwunden, drei Schreckenstage, die ich mit Suchen und Rufen und Hoffen und Bangen verbrachte. Sie kommt nicht wieder, klagte ich, es muß ihr etwas geschehen sein, aber was? Mit Mühe versuchte ich, Haltung zu bewahren, aber zuweilen saß ich hinten im Garten auf der kleinen Mauer und weinte. Und rief wieder und wieder, bis ich endlich aufgab und versuchte, mich in das Unabänderliche zu schicken: Mini kam nicht zurück.

Doch am nächsten Morgen, als ich die anderen Katzen hinausließ, sprang sie von der Hollywoodschaukel herunter und jagte an mir vorbei ins Haus, trank den Wassernapf leer, fraß, was die anderen übriggelassen hatten, verkroch sich in mein Bett und schlief. Schlief bis zum Abend, fraß, was ich ihr hinstellte, schlief weiter bis zum Morgen, und ich, glücklich und zugleich ratlos, stand vor dieser kleinen Katzendame, verwünschte sie und liebte sie und wußte, daß sie mich nicht zum letzten Mal in Angst und Schrecken versetzt hatte. Tage wie die jüngst vergangenen würden sich wiederholen, ich konnte nichts dagegen tun, ich konnte mich nur zu mehr Gelassenheit zwingen, das war – selbstkritisch muß ich es zugeben – ein ziemlich aussichtsloses Unterfangen. So hoffte ich auf den Winter, und das kalte, nasse Wetter verwandelte Mini in eine fast häusliche Katze, die nur morgens einen kurzen Spaziergang unternahm, um danach auf irgendeiner Heizung zu liegen oder nachmittags auf meinem Schoß. Wenn sie mich ansah, nickte ich und dachte: Sie weiß genau, daß sie mit mir machen kann, was sie will, sie weiß es nur zu gut.

So gingen zwei Jahre ins Land.

In Minis drittem Lebenssommer hörte ich sie eines Tages laut und klagend schreien. Ich war im Garten, die anderen Katzen lagen dösend in der Sonne. Mini kam vom Alten Friedhof, scharrte auf einem der Beete, allem Anschein nach mußte sie ausleeren. Doch sie konnte es nicht. Ihre Schreie wurden heftiger, sie krümmte sich, starrte mich aus weit aufgerissenen Augen hilfesuchend an. Ich stand ratlos vor ihr, ich konnte ihr nicht helfen, ich konnte nur neben ihr bleiben und ihr gut zureden, komm, sagte ich, drück noch mal, sagte ich, was ist bloß los mit dir …?

Es dauerte Minuten, ehe das Schreien nachließ und Mini, völlig erschöpft, einen kleinen Kothaufen zuscharrte. Ich nahm sie auf den Arm, spürte ihr Zittern, sie drängte sich an mich und bohrte ihren Kopf in meine Achselhöhle. Im Haus verkroch sie sich, wohl immer noch voller Schmerzen.

Natürlich beobachtete ich sie nun noch intensiver als zuvor. Am nächsten Tag wollte sie nicht hinaus, dafür begann sie plötzlich durch alle Zimmer zu toben, nicht ausgelassen wie sonst, sondern wie von Furien gejagt. Und dann erneut dieser schrille, laute Schrei, unter Krämpfen setzte sie einen Kothaufen in die Flurecke, um sich danach wieder zitternd zu mir zu retten.

Da rief ich unsere Tierärztin an, erklärte die Symptome, bat um einen Termin. Kommen Sie gleich, sagte sie. Ich nahm Mini auf den Arm, Federgewicht, dachte ich, was mag sie bloß haben?

Auch die Tierärztin wußte es nicht. Irgend etwas mit ihrem Darm ist nicht in Ordnung, meinte sie, ich spritze ihr ein krampflösendes Mittel, beobachten Sie sie weiter und geben Sie ihr Milch zu trinken, das bringt ihr vielleicht Erleichterung. Sonst müßten Sie in die Tierklinik, aber wenn eine Geschwulst im Darm festgestellt werden würde, käme nur eine OP in Frage, wollen Sie das dem Tierchen zumuten?

Mini krallte sich in meine Jacke fest, sie hing schutzsuchend an mir, ihre Augen waren übergroß. Nein, sagte ich, bloß Schmerzen soll sie nicht haben, verstehen Sie?

Ich streichelte die Kleine, allmählich wurde sie ruhiger. Die Spritze schien zu wirken. Das erste Alarmzeichen – ich wollte es vergessen, wollte nicht daran denken, wollte es ausstreichen, leugnen. Wochenlang war auch nichts mehr zu bemerken, Mini lebte wieder unbeschwert ihr fröhliches Katzenleben, nur ab und zu kehrten die Schmerzen zurück, dann schrie und krampfte sie, zum Glück gaben ihr die Spritzen Linderung.

Der Anfang vom Ende?

Ich weiß es bis heute nicht. Oft stehe ich hinten an der Gartenmauer, wo wir Mini neben ihrem Halbbruder Max begraben haben und jammere stumm nach meinem Liebling. Mit viereinhalb Jahren ist sie in meinen Armen gestorben, nachdem wir wochenlang um ihr Leben gekämpft haben. Sie fraß nicht mehr, sie trank nicht mehr, mit Mühe konnte ich ihr löffelweise etwas Milch einflößen, ihre großen Augen sagten mir, daß sie Schmerzen hatte. Ich wollte nicht aufgeben, ich wollte sie behalten, ich wollte diesen Wildfang nicht missen. Aber als sie sterbensmüde unter den Bücherschrank kroch, als sie auf mein Rufen nicht mehr reagierte, als sie matt, fast leblos auf meinem Schoß lag, riefen wir die Ärztin an und gaben ihr den letzten, tiefen Schlaf.

Nein, davon will ich nichts sagen. Ein halbes Jahr davor hatten wir Max, Minis Halbbruder, von dem noch die Rede sein wird, begraben, nun mußte wieder ein Abschied erlitten werden. Und obwohl dieser Abschied viele Monate hinter uns liegt, tun mir die Gedanken daran sehr weh.

Auf meinem Schreibtisch steht ein Bild, das der berühmte französische Maler Matisse gemalt hat: der Kopf einer schwarzen Katze inmitten eines bunten Blumenstraußes. Die Katze hatte seiner Tochter gehört, für diese Tochter malte er auch das Bild. Und es ist Mini, die mich über die Blumen hinweg anblinzelt, genau unsere Mini. Gräm dich nicht, scheint sie mir sagen zu wollen, ich hatte ein schönes Leben, behütet und frei gleichermaßen, und Blumen habe ich auch immer gern gehabt, ich habe dir manchen Strauß aus der Vase gezogen, da warst du nicht begeistert, aber Spaß hat es gemacht! So vieles hat Spaß gemacht, das Toben, das Schmusen, das Spielen, das Wegrennen und das Wiederkommen, und immer wieder dein weiches Bett, in dem ich so herrlich geschlafen habe! Ich habe dich nie gekratzt, das mußt du zugeben, nicht einmal im Spiel, dafür habe ich dich oft in Angst versetzt! Weißt du noch, wie ich in die große Linde geklettert bin, höher und höher, und du hast unten nach mir gerufen und gemeint, ich käme nicht mehr herunter! Ich habe dort oben die Tauben besucht und die Elstern, vor deren Gekreisch habe ich mich fast gefürchtet. Und natürlich bin ich heruntergekommen, mir ist kein Baum zu hoch gewesen und kein Dach, auf dem Scheunendach bin ich oft entlangspaziert, das Hausdach habe ich freilich ausgelassen, ich hätte es bestimmt geschafft, aber dann dein Gejammer! Komm, sei nicht traurig, schau mich an, so bin ich immer bei dir, du vergißt mich nicht, und man lebt weiter, solange man nicht vergessen wird ...

Da hat sie recht, die Kleine. Ich vergesse sie nicht. Aber ich kann es nicht ändern, daß sie mir fehlt. Daß sie mir sogar sehr fehlt ...

Max

Er war nur zwei Jahre bei uns, dieser verschmuste, weiche, graugestromte Kater. Nur zwei Jahre gehörte er zu unserer großen Katzenfamilie, dann nahm der Tod ihn uns fort. Minis Halbbruder – ich entdeckte ihn und seine fünf Geschwister unter der Forsythia im Garten; seine Mutter, die zwei Jahre zuvor Mini geboren hatte und die sich über viele Monate hin nicht bei uns hatte blicken lassen, sprang davon, als ich mich zu den Katzenkindern niederbeugte.

Sie waren noch blind. Piepsend drückten sie sich aneinander, fünf Kätzchen und ein Kater, und Kater Max durfte am Leben bleiben. Seine Mutter, die den Verlust der anderen Kinder wiederum kaum zu bemerken schien, schleppte den kleinen Kerl später ins Gestrüpp, so verlor ich ihn fürs erste aus den Augen.

Im warmen Oktober entdeckten wir Max erstmals wieder auf dem Alten Friedhof. Er spielte dort mit Blättern und hohen Grashalmen. Als er uns bemerkte, stob er nicht davon, sondern kam schwanzwedelnd auf uns zu. Ich konnte ihn auf den Arm nehmen und streicheln, er schnurrte voller Behagen.

Das wird einmal ein zweiter Wodka, sagte ich zu Christof, den großen Katerkopf hat er immerhin schon.

Wie er in unser Haus kam – ich weiß es nicht mehr. Wahrscheinlich lief er uns einfach nach und kam freiwillig mit hinauf und war da. Allerdings wollte auch er jeden

Morgen in die Freiheit zurück, darin glich er seiner Halbschwester Mini, mit der ihn schnell eine innige Freundschaft verband.

Immer wieder beobachtete ich, wie die beiden eng aneinandergeschmiegt auf einem Sessel im Wohnzimmer lagen, ein ungleiches Paar, nicht nur äußerlich, sondern auch vom Charakter her. Während Mini ihre Wildheit niemals verlor, blieb Max, abgesehen von wenigen plötzlichen Temperamentsausbrüchen, behäbig und gemütlich, er liebte die Ruhe, er liebte es, wenn ich ihn auf den Schoß nahm und streichelte, er liebte es, inmitten vieler Sofakissen zu kuscheln. Aber jeden Morgen wollte er in die Freiheit, strolchte durch den Garten, verschwand hinter der niedrigen Mauer am Komposthaufen und hoppelte jedesmal mit steil aufgestelltem Schwanz herbei, wenn ich ihn rief. Im Gegensatz zu seiner Schwester blieb er nie lange fort, galoppierte wie ein Pferdchen heran, rieb seinen Kopf an meinem Bein und legte sich in die Sonne. Die Sonne liebte er sehr, und im Winter die warmen Heizungskörper. Er war ein Genießer, und wir hätten ihm so gern ein langes, vergnügliches Leben gegönnt, aber leider gehen Wünsche nicht immer in Erfüllung.

Eine Besonderheit allerdings hatte Max, eine Besonderheit, die mich anfangs arg schockierte, späterhin nur noch zum Lachen brachte: Er fing leidenschaftlich gern Kröten!

In unserem Öko-Garten samt Altem Friedhof scheinen sich Tiere aller Art sehr wohl zu fühlen. »Öko-Garten« klingt um vieles besser als »ungepflegter Garten«. Ich halte zwar meine Beete einigermaßen in Ordnung, die Rasenflächen aber mit Obstbäumen und Beerensträuchern werden höchstens zwei- bis dreimal im Jahr gemäht, Gräser und Wiesenblumen können also gedeihen und wuchern, sie bilden zuweilen ein regelrechtes Dickicht. Haben wir den Zeitpunkt verpaßt, an dem sich unser Rasenmäher noch durch dieses Dickicht hindurchfressen kann, lassen wir Gräser und Wiesenblumen halt weiterwachsen und schaffen dadurch ungewollt den idealen Lebensraum für Kröten.

Wir bemerkten diese scheuen, nützlichen Tiere erst, als Max sie voller Übermut aufzustöbern begann und sie uns stolz präsentierte.

Und wie er sie präsentierte!

Er schnappte sie an einem ihrer Hinterbeine, schlenkerte sie ein paarmal hin und her und hoppelte mit seiner Beute im Maul stolz und siegessicher auf uns zu. Anfangs dachte ich natürlich, daß die Kröte längst alle Lebensgeister aufgegeben hätte, ich war zornig auf den Kater und schalt ihn heftig. Er begriff meinen Ärger natürlich nicht, schlenkerte das arme Tier weiter hin und her, ließ es sich aber ohne Knurren wegnehmen.

Und da merkte ich, daß die Kröte noch lebte! Das Herz schlug langsam, aber regelmäßig, sonst war kein Lebenszeichen zu spüren. Die Kröte stellte sich tot! Erst Minuten, nachdem ich sie zurück ins Gras gelegt hatte, zuckten ihre Beine, der Kopf bewegte sich, endlich sprang sie davon, nicht so behende wie sonst, aber doch unverletzt.

Schlingel, sagte ich zu Max. Laß diesen Unsinn! Kröten schmecken nicht, zum Spielen eignen sie sich auch nicht, halte dich gefälligst an Mäuse!

Max schnurrte, ließ sich streicheln, sprang fröhlich davon, kehrte aber bald schon mit der nächsten Kröte zurück, die er wieder begeistert hin und her schlenkerte, um sie sich von mir ohne Protest wegnehmen zu lassen.

Also ernannten wir Max zu unserem Krötenkater! Keine unserer anderen Katzen beachtete diese kleinen, kühlen, glitschigen Amphibien, Max aber machte sie zu seinem liebsten Spielzeug. Nachdem sich der Reiz des Neuen verflüchtigt hatte, ließ er seine Opfer zuweilen von sich aus frei, blieb bewegungslos sitzen, bis sie davonhüpften und fing sie wieder ein, dieses Spiel konnte sich über längere Zeit hinziehen, falls wir nicht einschritten.

Gerade diese Eigenheit von Max ist uns in Erinnerung geblieben. Wenn wir an ihn denken, sehen wir ihn mit einer Kröte im Maul vom Komposthaufen heranhoppeln. Die Mäuse, die er im Laufe seines kurzen Lebens gefangen hat, haben wir nicht gezählt, viele davon hat er mit großem Appetit verspeist, wenige hat er uns vor die Füße gelegt. Nicht eine Kröte hat er gefressen, nur gespielt hat er mit ihnen – daß sie davon vielleicht einen Schock fürs Leben erlitten, steht auf einem anderen Blatt.

Kurz nach seinem zweiten Geburtstag wurde er krank. Er bekam heftiges Fieber, fraß nicht mehr, trank nicht mehr, war matt und müde. Zusammen mit unserer Tierärztin kämpften wir um sein Leben, konnten und wollten nicht glauben, daß es mit ihm zu Ende gehen sollte. Nach zehn Tagen ließ das Fieber nach, das Fressen lehnte er weiter ab, jeden Morgen trank er jedoch etwas Wasser. Und er wollte weiter hinaus in den Garten! Wenn wir ihm die Tür öffneten, sprang er nicht wie früher davon, er bewegte sich schwerfällig und langsam zum Garten hin, suchte sich einen Platz unter den Büschen und kam erst wieder zum Vorschein, wenn ich nach ihm rief.

Abends nahm ich ihn oft auf den Schoß und streichelte ihn, er schnurrte nicht mehr so laut wie früher, sondern leise, aber anhaltend. Ob er Schmerzen hatte, wußten wir nicht. Wir wußten nur, daß er nicht gesund war und daß es ihm nicht gut ging. Manchmal kniete ich vor dem Sessel, in dem er lag, legte mein Gesicht auf sein weiches Fell und flüsterte ihm dumme, zärtliche Worte zu; er blinzelte mich an, fuhr auch schon einmal mit seiner rauhen Zunge über meine Stirn oder sah mich nur an, fragend, erstaunt und voller Traurigkeit.

Wie später bei Mini setzte der Verfall auch bei ihm

dann sehr heftig ein. Und am Ende blieb uns nur der Abschied. Ich hielt ihn im Arm, als er einschlief, Christof begrub ihn hinten an der Gartenmauer, wir legten ein paar Blumen auf sein Grab. Wir vermißten unseren graugestromten, fröhlichen, zärtlichen Freund – nur die Kröten im Garten vermißten ihn sicherlich nicht.

Krümel

Wir hatten nun fünf Katzen im Haus: Whisky, Mohrchen, Mausi, Mini und Max, dazu die wilde Miezi und den wilden Blacky im Garten und auf dem Alten Friedhof. Sieben Katzen, für die wir sorgen mußten, für die wir uns verantwortlich fühlten. Es stand uns keineswegs der Sinn nach einer weiteren Katze, wir waren, was unsere vierbeinigen Freunde anging, voll ausgelastet. Längst war das Pfarrhaus zu einem Katzenhaus geworden, und wenn wir im Dorf scherzhaft gefragt wurden, ob wir nicht doch noch ein Kätzchen aufnehmen könnten, wehrten wir energisch ab.

Miezi freilich kümmerte das nicht. Miezi sorgte unbekümmert für weiteren Nachwuchs, wie wir damit fertig wurden, war schließlich unsere Sache.

Im Winter hatte sie entdeckt, daß es sich in unserer alten Scheune recht gut leben ließ. Vor allem war man hier geschützt vor Regen, Schnee und Kälte. Im Dach fehlten einige Ziegel, Platz genug für eine zarte Katze, um mühelos hinein- und herauszukommen. Wir bemerkten anfangs ihre neue Wohnung nicht, nach wie vor kam sie zum Fressen an unsere Haustür, traf dort mit Blacky zusammen, von dem wir nicht wußten, wo er sich bei dem schlechten Wetter eigentlich aufhielt. Er kam und ging, an manchen Tagen kam er nicht, um sich dann wieder hungrig auf das Futter zu stürzen. Als wir dann endlich auf

Miezis neues Heim aufmerksam wurden, blieb uns nichts anderes übrig, als es schlicht zur Kenntnis zu nehmen, Miezis wegen konnten wir das morsche Scheunendach nicht in Ordnung bringen lassen.

Im Frühjahr geschah, was geschehen mußte: Auf dem früheren Heuboden der Scheune brachte sie vier Junge zur Welt. Wir bekamen sie erst Wochen danach zu Gesicht, leider waren sie ebenso scheu wie die Mutter, sie ließen sich zwar ansehen, aber nicht anfassen. Heimlich hofften wir, daß sie uns bald einmal verlassen würden. Daß sie im Herbst allerdings alle an der Katzenseuche starben, bekümmerte uns doch. Miezi blieb von der Seuche verschont, sie hatte mittlerweile bereits erneut Junge bekommen, sie hielten sich, wie ich bemerkt hatte, gleich neben dem Eingang der Scheune hinter Gerümpel auf. Zuweilen piepste es hier, es raschelte und huschte umher, ich stand oft vor dem Krempel und fragte mich, wann und wie ich wohl an die Kätzchen herankommen könnte, um die sich Miezi nur gelegentlich zu kümmern schien. Alles dem Selbstlauf überlassen wie beim ersten Wurf dieses Jahres oder eingreifen – wenn sich mir dazu die Möglichkeit bietet, dachte ich, packe ich zu, der Himmel und Miezi mögen mir diese gewaltsame Geburtenkontrolle verzeihen.

Die Möglichkeit bot sich mir Ende September. Hinter dem großen, alten Kronleuchter, der früher in der Kirche gehangen hatte und nun hier in der Scheune vor sich hin rostete, krabbelte und kribbelte es, ich bückte mich kurzentschlossen und langte fünf kleine Kätzchen hervor, die aufgeregt piepsten und sich in meine Hände schmiegten. Ich brachte sie ins Haus, setzte sie im Gemeinderaum auf den Tisch, suchte das einzige Katerchen und brachte es in die Scheune zurück, wo seine Mutter schon aufgeregt wartete. Die anderen Kätzchen brachte ich wieder einmal schweren Herzens zur Tierärztin, die beiden schwächsten schliefen dort ein, die beiden kräftigeren wurden von der Tierärztin aufgenommen, Spielkameraden für die Töchter.

Um den kleinen Kater kümmerte ich mich weiter. Wann immer es mir möglich war, nahm ich ihn in meine Hände, streichelte ihn, blies meinen Atem über das weiche Fell, nahm ihn später hin und wieder mit in die Küche und gab ihm weichgekochte Haferflocken und Wassermilch, er schleckte jedesmal hungrig die Untertasse leer. Danach aber brachte ich ihn in die Scheune zurück, dort sollte er bleiben, ich wollte für ihn sorgen, auf die sechste Katze im Haus konnten wir verzichten.

Doch dann kam unsere jüngste Enkelin in den Herbstferien zu uns, und als wir ihr erzählten, daß Miezi jetzt mit einem kleinen Sohn in der Scheune leben würde, gab sie keine Ruhe: Sie wollte zumindest den kleinen Kater sehen!

Also gingen wir zusammen zur Scheune. Vom Kronleuchter her drang aufgeregtes Piepsen, der Kleine tapste vorsichtig auf uns zu. Ich nahm ihn auf und legte ihn Aline in den Arm. Sie war einen Augenblick ganz still, stand wie erstarrt, seufzte endlich tief, beugte sich nieder und berührte mit dem Mund leicht das weiche Fell.

Dann sah sie mich an und sagte: Er kommt mit ins Haus, Omi, nicht wahr? Du läßt ihn doch nicht mehr hier in dem Kram! So allein, Omi, das darfst du nicht tun, bestimmt hat er Angst!

Ihre großen Augen hingen voller Erwartung an meinem Gesicht. Das Katerchen hatte es sich inzwischen auf ihrem Arm bequem gemacht und schnurrte behaglich. Ich streichelte ihn. Ich streichelte das Kind. Ich wollte das sechste Katzenkind nicht in der Wohnung haben und spürte doch, wie mein Widerstand dahinschmolz. Es würde wieder alles von vorn beginnen: die Erziehung zur Sauberkeit, das Gewöhnen an die neue Umgebung und an die Artgenossen, das Hineinwachsen in unsere Familie mit dem Ergebnis, daß wir auch dieses Tier so innig lieben würden wie die anderen. Was war letztlich dagegen einzuwenden?

Nichts.

Dann wollen wir einmal sehen, wie sich Whisky dem kleinen Burschen gegenüber verhält, sagte ich. Bei den anderen habe ich weniger Sorge. Spielt Whisky mit, bleibt er drin!

Wir verließen die Scheune. Von Miezi war nichts zu sehen. Sie hatte sich kaum noch um den Kleinen gekümmert und war wieder eigene Wege gegangen.

Whisky lag auf der Couch und blinzelte uns an. Ich nickte Aline zu, sie setzte den Kleinen ebenfalls auf die Couch. Zuerst rührte er sich nicht, die neue Umgebung schien ihn zu beeindrucken. Endlich tapste er auf die alte Katze zu und leckte ihr den Schwanz. Whisky hob den Kopf, legte den Schwanz elegant um ihre Hinterbeine, so daß der Kleine ihn nicht erreichen konnte, gähnte herzhaft und schloß die Augen.

Gewonnen, sagte ich. Sie hat zumindest nichts gegen ihn. Und wie soll er nun heißen?

Darf ich ihm einen Namen geben? fragte Aline.

Ich nickte. Du hast ihn aus der Scheune geholt, also ist er eigentlich dein Kater. Laß dir etwas Hübsches einfallen.

Aline nahm ihn wieder auf den Arm, er kuschelte sich an ihren Hals, seine kleinen Schnurrhaare kitzelten sie an der Nase. Vorsichtig setzte sie ihn auf den Tisch, betrachtete ihn nachdenklich und sagte endlich: Er ist so winzig wie ein Kuchenkrümel, findest du nicht auch, Omi?

Ich lachte. So große Kuchenkrümel kenne ich eigentlich nicht, antwortete ich. Aber im Gegensatz zu Whisky ist er natürlich ein kleiner Krümel.

Wir sahen uns an. Und dann nickten wir. Und fortan hieß unser namenloses Katerchen Krümel.

Das wurden lustige und aufregende Ferien! Das Kind schleppte Krümel ständig mit sich herum, spielte mit ihm, schmuste mit ihm, gab ihm zu fressen und setzte ihn ab und zu in die Sägespänekiste. In der ersten Nacht stellten wir sein Körbchen in das Kinderzimmer, hier, so meinten wir, sei er am besten vor den anderen Katzen geschützt, noch wußten wir nicht, wie sie sich alle mit seiner Gegenwart abfinden würden. Aline war selig, am anderen Morgen allerdings war sie sehr müde. Krümel hatte sie kaum schlafen lassen. Nachdem er sich im Zimmer gründlich umgesehen hatte, war er zu ihr ins Bett gehopst, war unter die Bettdecke gekrochen, hatte an ihrer Nase geleckt, sich in ihren langen Haaren verfangen, hatte es sich später irgendwo bequem gemacht. Nicht lange freilich, die Neugier trieb ihn wieder hoch, er landete schließlich an ihrem Hals und schlief dort schnurrend ein, für eine Weile fand auch Aline in den Schlaf. Gegen Morgen nahm Krümel seine Entdeckungsreisen wieder auf, setzte ein paar Pfützchen auf den Teppich, hangelte an der Gardine hoch, raschelte im Regal herum, kehrte zu Aline zurück und stieß sein kleines Köpfchen so lange gegen ihr Gesicht, bis sie ihn zu streicheln begann. Da war er zufrieden, das Leben war seiner Meinung nach rundum in Ordnung.

Die zweite Nacht in unserem Haus verlief für ihn weniger angenehm. Wieder einmal kamen Körbchen und Kiste und Trinkschüssel in den Gemeinderaum, und schweren Herzens brachte ihn Aline, bevor sie schlafen ging, hinunter. Es geht nicht anders, sagte sie, das mußt du einsehen, und morgen früh sind wir ja wieder beisammen.

Sie legte ihn in das Körbchen, er rollte sich zusammen, zufrieden und beruhigt schlossen wir die Tür und überließen ihn sich selbst. Es ging auch alles gut. Als ich am nächsten Morgen gleich nach dem Aufstehen zu ihm ging, kam er mir piepsend entgegen, hoppelte die Treppen hinauf und stürzte sich hungrig auf das Futter, das ich für die Großen hingestellt hatte. Mini betrachtete den Kleinen mißbilligend, Mohrchen knurrte ihn an, Mausi begrüßte ihn köpfchengebend, Whisky übersah ihn völlig. Friede also rundum, Krümel gehörte dazu und wuchs von Tag zu Tag mehr in unsere Familie hinein.

Diese fröhliche Ferienwoche ging für Aline viel zu schnell vorbei. Eines Morgens hieß es, von Krümel Abschied zu nehmen. Verständlich, daß Tränen flossen. Sie wollte zwar bald wiederkommen, aber würde er sie dann noch kennen? Und würde er noch so klein sein?

Ersteres konnte ich ihr zusagen, selbst wenn er sich nicht mehr an sie erinnerte, würde er schnell wieder in ein vertrautes Verhältnis zu ihr finden. Letzteres aber konnte ich ihr nicht versprechen. Auch Krümel würde wachsen, er würde sein Leben unter unserer Obhut verbringen, inmitten der Katzengemeinschaft, in die wir ihn geholt hatten. Um Mohrchen und Whisky machte er respektvoll einen Bogen, mit den anderen tollte er durch die Wohnung, vor allem Mini und Max nahmen sich seiner an und spielten oft mit ihm. Wir alle würden gut für ihn sorgen, aber war das ein Trost für das Kind?

Abschiednehmen ist immer schwer. Und Loslassen ist schwer. Wir Alten haben damit notgedrungen umgehen gelernt, ein Mädchen von elf Jahren noch nicht. Ich versprach ihr, in vielen Briefen von Krümel zu erzählen. Sie nickte, sie wischte sich über die Augen und schluckte tapfer weitere Tränen hinunter.

Und dann war sie fort, und für uns begann der Alltag mit Krümel. Er war zwar immer noch der Kleine und deswegen besonders Geliebte, aber er stand nicht mehr im Mittelpunkt. Das war gut für ihn. Er lernte Selbständigkeit und Selbstbehauptung, er jagte sich mit den anderen Katzen und schmuste mit ihnen, nachts aber brauchte er wohl die Nähe eines Menschen; wir sperrten ihn längst nicht mehr in den Gemeinderaum, er konnte sich wie die anderen frei in der Wohnung bewegen, und sehr schnell fand er den Weg in unser Schlafzimmer, kuschelte sich am Fußende meines Bettes in die Decke und schlief bei uns ruhig bis zum Morgen.

Inzwischen ist er ein großer, stämmiger Kater geworden, allezeit fröhlich und guter Dinge, um vieles ruhiger als Mini, die leider nicht mehr lebt, und längst nicht so unternehmungslustig wie Max, der auch nicht mehr bei uns ist. Dafür hat Krümel die Ängstlichkeit seiner Mutter geerbt! Kaum hört er fremde Stimmen im Haus, versteckt er sich in meinem Zimmer oder im Regal unter der Bodentreppe. Und wenn Besuch kommt, ist er verschwunden. Erst nach Stunden schleicht er vorsichtig näher und beäugt den Fremden, anfassen läßt er sich nicht, und fangen läßt er sich erst recht nicht. Auch zu uns kommt er nur, wenn ER will, freilich will er häufiger, als uns zuweilen lieb ist. Er verlangt nach Zärtlichkeit und schenkt Zärtlichkeit – morgens, wenn wir frühstücken, sitzt er oft neben meinem Stuhl und wartet, bis ich mir den Kaffee eingegossen habe. Dann springt er auf meinen Schoß, kuschelt sich zurecht, ich muß ihn streicheln, bevor ich mit der Morgenarbeit beginnen kann. Wenn er die anderen Katzen zum Spielen auffordert, gibt er regelrechte Zwitschertöne von sich, er miaut nicht, er gurrt und schnurrt und lockt und ist erst zufrieden, wenn die wilde Jagd durch alle Zimmer beginnt.

Welche Katastrophe allerdings über uns kommt, wenn er einmal zur Tierärztin muß, wird später noch erzählt werden.

Timo

Und wieder einmal brachte unsere wilde Miezi Junge zur Welt, irgendwo auf dem Alten Friedhof, gut versteckt vor unseren Augen. Trotz eifrigen Suchens fanden wir die Kätzchen nicht, wir bemerkte nur an Miezis schlankem Bauch, daß das freudige Ereignis stattgefunden haben mußte.

Tage später, als wir unter der großen Linde saßen, schlich Miezi ab und zu in gehöriger Entfernung von uns durch das Gras, jedesmal mit einem Kätzchen im Maul. Wohin sie die Kinder brachte, konnten wir nicht erkennen, in dem Augenblick, da wir uns aus den Liegestühlen erhoben, war Miezi verschwunden.

Notgedrungen überließen wir alles weitere dem Selbstlauf; wenn wir allerdings daran dachten, in Kürze noch einige Katzenkinder zusätzlich füttern zu müssen, wurde vor allem mir etwas bang zumute.

Der Zufall kam mir jedoch zu Hilfe.

An einem sehr heißen Tag fuhr Christof mit dem Auto nach Halle. Das Garagentor stand also offen. Ich gönnte mir am späten Vormittag ein kurzes Bad in unserem »Planschbecken«.

Als ich mich gerade abtrocknete, raschelte es im Efeu, der wie ein dichter Vorhang die Mauer am Abhang überzieht. Herunter sprang Miezi, ein Katzenkind im Maul. Sie beachtete mich nicht, sondern lief mit dem Kätzchen spornstreichs in die Garage, um kurz darauf ohne Kätzchen zurückzukehren und wieder im Efeu zu verschwinden.

Hoppla, dachte ich, soll etwa unsere Garage als Katzenkinderstube dienen? Das wäre nicht schlecht, dann könnte ich …

Ich setzte mich in die Hollywoodschaukel und verhielt mich ganz still. Es dauerte auch nicht lange, und Miezi fiel mit einem weiteren Kätzchen im Maul von der Mauer, schleppte es zur Garage und stürzte davon, um das nächste Kind zu holen.

Währenddessen untersuchte ich die Garage und fand die Katzenkinder hinter einem alten Autoreifen. Mir war das Herz schwer, als ich sie eng aneinandergedrängt in der Ecke liegen sah, ich rührte sie nicht an, sondern setzte mich wieder still in die Schaukel. Und schon brachte Miezi das nächste Kätzchen und stürzte erneut davon, ohne mich eines Blickes zu würdigen. Diese Prozedur wiederholte sich noch etliche Male, endlich lag Miezi völlig erschöpft im Rasen, alle sechs Kinder hatte sie ins neue Versteck geschleppt, jetzt konnte sie nur noch alle viere von sich strecken und nach Luft japsen. Und ich konnte in die Garage gehen und die Katzenkinder einsammeln. Da stand ich also wieder einmal traurig vor dem Katzenkarton, in den ich die Kleinen gelegt hatte und verwünschte lauthals Miezis überaus fruchtbares Liebesleben. Sie trieb es fröhlich mit allen Katern der näheren Umgebung, und ich mußte entscheiden, was mit diesem Kindersegen geschehen sollte.

So rief ich wieder einmal unsere Tierärztin an. Sie kam bald und stellte überrascht fest, daß nicht nur ein Kater zum Wurf gehörte, wie es eigentlich üblich war, sondern diesmal drei. Drei fast gleich aussehende, grauschwarz gestromte Katerchen, und eins sollte wieder am Leben bleiben, die Wahl blieb mir überlassen, aber ich konnte nicht wählen, ich konnte nur mit Mühe die Tränen zurückhalten, einmal leben und fünfmal einschlafen, das klang milder als sterben und war doch dasselbe.

Und so griff ich zu, drückte den kleinen Kerl an meine Lippen, brachte ihn zu seiner Mutter, die sich inzwischen längst erholt hatte und maunzend durch Hof und Garage strich und ihre Kinder suchte. Ich setzte ihr das Katerchen vor die Nase und nahm mir vor, Miezis weiteres Liebesleben strikt zu unterbinden, irgendwie mußte es uns doch gelingen, sie zu fangen, damit sie sterilisiert werden konnte. So wie bisher ging es jedenfalls nicht weiter. Denn schon jetzt ahnte ich, daß auch dieses Katerchen, sollte es die nächsten Wochen überleben, bei uns einziehen würde, sieben Katzen im Haus, das war wahrhaftig das Äußerste, was wir verkraften konnten.

Ultimo, der Letzte, sagte Christof, als ich ihm mittags die Geschichte erzählte. Ich konnte ihm den Kleinen sogar zeigen, er lag im Fliedergebüsch hinter der Schaukel, von Miezi war nichts zu sehen. Anderentags war er freilich verschwunden, auch Miezi ließ sich kaum blicken, morgens kam sie zum Fressen, dann hatte sie mit der Kindererziehung zu tun.

Aus Ultimo wurde Timo, und als der Kleine ein Vierteljahr alt war, zog er ein. Wie Krümel lernte er sehr schnell, wofür die Kiste mit Sägespänen bestimmt war, er lernte die anderen Katzen kennen, mit seinem Halbbruder Krümel spielte er am liebsten. Lange Zeit blieb er sehr scheu, wir konnten ihn nur streicheln, wenn er sich müde getobt hatte, sonst wich er jeder Berührung aus. Auch mit Mini und Max freundete er sich an, mit den drei älteren Damen hatte er nichts im Sinn, nachdem ihn Whisky einmal energisch angeknurrt hatte, als er ihr zu nahe gekommen war. Friede in der Katzenfamilie – nun wurde es Zeit, daß wir uns um Miezi kümmerten, damit sie sich nicht weiter in folgenschwere Liebesabenteuer stürzte.

Und so stellten wir eines Morgens wieder einmal die Katzenfalle auf, schoben eine Schüssel mit gutem Futter hinein, ließen die anderen Katzen im Haus und warteten auf Miezi. Sie kam auch wirklich, roch das Futter, vergaß alle Vorsicht und huschte in die Falle. Die Klappe schnappte zu, Miezi war gefangen, der erste Akt unserer Unternehmung war geschafft.

Die eigentlichen Schwierigkeiten fingen freilich erst an. Wir mußten Miezi aus der Falle heraus- und in den Katzenkorb hineinbekommen, um sie zur Tierärztin tragen zu können, die schon auf uns wartete. Wir versuchten, so geschickt wie möglich zu Werke zu gehen, aber dann passierte doch, was wir befürchtet hatten: Kaum öffneten wir die Falle, um Miezi zu greifen, entwischte sie uns und stob wie ein Wirbelwind davon. Wir schauten ihr resigniert nach, in die Falle würde sie nun nicht mehr gehen, dazu war sie viel zu schlau. Mußten wir uns also doch mit weiterem Kindersegen abfinden?

Ich rief die Tierärztin an und berichtete von unserem Mißgeschick. Dann müssen wir es halt mit der Anti-Baby-Pille versuchen, antwortete sie, das wird aber auf Dauer teurer als eine Sterilisation. Jede Woche eine Pille, die muß die Katze unbedingt schlucken, sonst ist das Ergebnis gleich Null.

Natürlich besorgte ich diese kleinen, weißen Pillen. Am kommenden Morgen schnitt ich eine Rille in ein Stück Fleisch und legte das Stück Fleisch auf ein Holzbrettchen. Erst als Miezi das Fleisch gefressen hatte, bekam sie das andere Futter, so halten wir es seitdem Woche für Woche, weiterer Nachwuchs hat sich zum Glück nicht mehr eingestellt, obwohl ich zuweilen voller Schrecken bemerkt habe, daß Miezi das Liebeswerben der Kater keineswegs ablehnt.

Während ich dies jetzt schreibe, sitzt Kater Timo neben mir und verlangt nach Zärtlichkeit. Aus dem kleinen Burschen ist inzwischen ein großer, stämmiger, schöner Kater geworden, mit einem überaus weichen Fell, sehr großen, sprechenden Augen und verhältnismäßig großen Ohren. Unser Jüngster – ich liebkose ihn gern und freue mich an seinem lauten Schnurren und an seiner Weichheit und Lebendigkeit und rücke nachts brav zur Seite, wenn er zu mir ins Bett springt. Daß er feige ist wie sein Halbbruder Krümel, stört uns nicht. Erbteil der Mutter. Uns gegenüber hat er jede Scheu längst verloren, Ultimo, der Letzte unserer Hauskatzen und unser besonderer Liebling.

Welch eine Aufregung aber, als er kastriert werden sollte!

Schon mit Krümel gab es ziemliche Schwierigkeiten, bis wir ihn soweit beruhigt hatten, daß er die Betäubungsspritze bekommen konnte. Wenn danach die Ärztin unser Haus betrat, war er verschwunden, auch vor anderen Besuchern versteckte er sich und kam erst nach Stunden sehr zögernd zum Vorschein. Sein liebstes Versteck blieb das Regal unter der Bodentreppe, da hockte er zusammengekauert hinter Kochtöpfen, bis alle Gefahr vorüber war. Timo jedoch konnte sich noch viel heftiger in die Angst hineinsteigern, kein Gedanke, daß wir ihn in einem solchen Zustand fassen konnten. Hilflos rannten wir hinter ihm durch alle Zimmer, er entwischte uns immer wieder, um sich endlich so gut zu verstecken, daß keiner von uns ihn finden konnte.

An zwei Tagen hielt er uns auf diese Weise zum Narren, immer wieder mußte die Kastration verschoben werden. Schließlich wurde uns die Sache zu bunt und wir beschlossen, ihn, wenn möglich, zu überlisten.

Also verabredeten wir mit unserer Ärztin, daß sie morgens so leise wie möglich in die Küche kommen sollte, ich wollte mit Timo auf dem Arm am Fenster stehen und liebevoll und beruhigend auf ihn einreden, während sie ihm sozusagen hinterrücks die Spritze verpassen sollte. Wenn er eingeschlafen war, konnte sie ihn im Katzentragekorb mit in die Praxis nehmen und ihn uns nach erfolgter Behandlung zurückbringen. Wir kamen uns wie Verschwörer vor, aber was sein mußte, sollte geschehen, die Kastration war notwendig, Timo war, wie Krümel, ein Hauskater und sollte es auch bleiben.

Der bewußte Tag kam. Als ich Timo rief, sprang er mir fröhlich entgegen, stieß seinen Kopf gegen mein Bein und schnurrte vergnügt, als ich ihn hochnahm und ihn so auf dem Arm hielt, daß er zum Fenster hinaussah, ohne wahrnehmen zu können, was hinter seinem Rücken geschah. So bemerkte er die Ärztin nicht, die sehr leise mit aufgezogener Spritze in die Küche kam und ihm die Nadel in das Hinterteil stieß. Sogleich gebärdete er sich wie toll, nur mit großer Mühe konnte ich ihn so lange halten, bis fertig gespritzt worden war, dann mußte ich ihn loslassen. Wie an den Vortagen tobte er durch die Wohnung, wir blieben diesmal gelassen, irgendwann mußte die Spritze wirken, und dann hatten wir ihn.

Aber allem Anschein nach wirkte die Spritze bei ihm nicht! Als wir ihn nach einer halben Stunde aufnehmen wollten, rannte er wieder davon, von Müdigkeit oder gar Betäubung keine Spur. Dann muß ich eine stärkere Dosis spritzen, sagte die Ärztin, versuchen Sie ihn zu fangen, während ich die neue Spritze hole.

Nun wiederholte sich alles noch einmal. Ich stand mit Timo, den ich nach langem Zureden auf den Arm nehmen konnte, am Fenster, die Ärztin schlich sich heran, wieder stach die Nadel zu, wieder gebärdete sich das Tier wie toll. Endlich jedoch wirkte die Spritze, Timo schlief ein, die Kastration konnte vorgenommen werden, nach einer halben Stunde war alles vergessen. Ich holte unseren Liebling zurück – er schläft bestimmt den ganzen Tag, sagte die Ärztin, die zweite Spritze hätte für ein Pferd gereicht! Aber nach einer knappen Stunde trabte Timo schon wieder durch die Wohnung, ein bißchen wacklig auf den Pfoten, doch schon wieder voller Neugier und Tatendrang. Erst am Nachmittag schlief er endlich auf meinem Schoß ein, er erwachte nicht, als ich ihn später auf das Sofa legte, dort blieb er liegen bis zum anderen Morgen. Dann war alles vergessen, wie bisher spielte er mit Krümel, begegnete uns mit großem Zutrauen, nahm allerdings wie sein Halbbruder fortan vor jedem Fremden Reißaus. Noch heute verschwindet er, wenn er fremde Stimmen hört, sogar das Lachen der Christenlehrekinder, die wöchentlich zum Unterricht kommen, macht ihn nervös, er rollt sich unter dem Tisch in meinem Arbeitszimmer zusammen, um erst wieder aufzutauchen, wenn die Luft rein ist.

Und dann passierte, was eigentlich nicht hätte passieren dürfen: Er entwischte uns nach draußen!

Ich muß hier erwähnen, daß wir unsere beiden jüngsten Kater bewußt als Hauskater halten. In einigen Jahren, wenn Christof in Rente gehen wird, müssen wir möglicherweise unser geliebtes altes Haus räumen und dem nächsten Pfarrer – sollte noch einer hierherkommen – Platz machen. Unsere alten Katzen werden dann wohl nicht mehr am Leben sein, sie haben schon jetzt ein hohes Alter erreicht. Die beiden Kater aber sollen uns auf jeden Fall in das neue Heim begleiten, und das fällt ihnen leichter, wenn ihr Umfeld schon vorher auf Haus und Wohnung beschränkt bleibt.

Und nun also war Timo draußen!

Ich kam vom Einkauf zurück, wahrscheinlich hatte ich die Windfangtür nicht fest genug verschlossen, jedenfalls waren Whisky und Timo entwischt. Bei Whisky war das kein Problem, die kannte sich aus und kehrte nach einem kurzen Spaziergang bald ins Haus zurück. Timo aber kannte sich nicht mehr aus, vor allem kannte er keine fremde Katze, auch nicht die braungestromte Katze vom Nachbarn, die längst bei uns eingezogen war und sich beinahe als Hofbesitzer fühlte. Sie jagte ihn auf die Weide vor der Pfarrklause, und da hockte unser Feigling also und suchte krampfhaft nach einem Versteck. Leider fand er es zwischen Dach und Mauer der Pfarrklause, da war er sicher, vor anderen Katzen und vor unseren Blicken.

Christof empfing mich im Hof mit der Hiobsbotschaft. Whisky ist längst wieder drin, sagte er, aber von Timo keine Spur.

Ich war verzweifelt und den Tränen nah, verwünschte meine Unachtsamkeit – ich hätte mich eben davon überzeugen sollen, daß die Windfangtür wirklich geschlossen war, als ich ging – und rannte auf den Alten Friedhof, immerzu laut Timos Namen rufend. Aber auch hier war weit und breit nichts zu sehen. Also wieder zurück auf den Hof und auf die Straße – nichts!

Er ist bestimmt oben in der Pfarrklause, sagte Christof. Zwischen Dach und Mauer ist ein schmaler Hohlraum, da kommen wir nicht hin.

Wir müssen es versuchen, drängte ich, wenigstens nachsehen, ob er da hockt.

Also holte Christof eine Leiter, schlug eine Latte aus der Seitenverkleidung, schaute nach, sah aber nichts. Und ich rief und rief und verlor allmählich jede Hoffnung, unseren Angsthasen jemals wiederzusehen.

Nach zwei Stunden versuchten wir, vom Innern der Pfarrklause an das Dach zu kommen. Das war nicht leicht, ich balancierte auf der Leiter, während Christof vom Alten Friedhof aus Dach und Mauer im Auge behielt. Und noch einer schaute interessiert unserem Treiben zu: ein fremder schwarzer Kater, der sich seit Wochen auf unserem Gelände herumtrieb und keinem zu gehören schien. Der fehlt uns noch, dachte ich wütend, wenn Timo ihn bemerkt, kommt er erst recht nicht zum Vorschein.

Aber war Timo überhaupt zwischen Dach und Mauer? War er nicht längst über alle Berge – und fand er jemals zu uns zurück?

Ich rief weiter seinen Namen, hielt mich oben an der

Mauer fest, beugte mich weit vor, um bis zum Dachende sehen zu können, und entdeckte tatsächlich unseren Kater dort im letzten Winkel. Hier ist er, schrie ich zu Christof hin, und ich dachte: Ich bleibe so lange auf der Leiter, bis ich ihn habe!

Ich rief und lockte und redete beruhigend auf ihn ein, komm, sagte ich, komm her, ich bring dich ins Haus, und dann ist alles wieder gut, nun komm schon!

Aber er kam nicht. Die Zeit verging, mir taten die Beine weh, ich spürte, wie ich immer nervöser wurde. Trotzdem hielt ich aus. Und endlich, endlich schob sich Timo langsam näher, in seinem Blick die nackte Angst. Ich wartete gespannt, bereit, ihn zu packen und zu halten. Doch überaus behende glitt er an mir vorbei, sprang über die Mauer hinunter ins Gebüsch. Er sitzt hier, rief Christof, ich versuche, ihn zu kriegen. Doch bevor er sich ihm nähern konnte, huschte der Schwarze an ihm vorbei, geradewegs auf Timo zu. Achtung, schrie Christof, paß auf, er kommt!

Und richtig: Timo hangelte sich an der Mauer hoch, um sich wieder in seinem Dachversteck zu verkriechen, da packte ich ihn, ich krallte meine Finger förmlich in sein Fell, er schrie, er wehrte sich, aber ich hielt ihn erbarmungslos fest, stieg mit dem wie wild sich sträubenden Tier vorsichtig die Leiter hinunter, rannte mit ihm zum Haus und ließ ihn erst im Treppenhaus frei. Wie ein Wirbelwind fegte er die Treppe hinauf, später entdeckte ich ihn unter meinem Bett, da hockte er verstört, es dauerte lange, ehe er zu uns schlich. Ich aber saß erst einmal erschöpft auf der Küchenbank, unfähig, einen anderen Gedanken zu denken als diesen: Er ist wieder da – aber noch einmal darf das nicht geschehen!

Seitdem achten wir sehr darauf, daß die Windfangtür fest geschlossen ist. Einen nochmaligen Ausflug wollen wir weder Timo noch Krümel gönnen, wer weiß, ob ein solches Abenteuer ein ähnlich gutes Ende finden würde.

Es hat auch den Anschein, als ob zumindest Timo keinen Drang mehr nach draußen verspürt.

Aber weiß ich, was in einem Katerkopf vorgeht?

Großmütterchen und andere Kostgänger

Irgendwann in einem Sommer zog die ältere Katze unseres Nachbarn aus dem Grund endgültig in den großen Pfarrgarten um. Der dichte Forsythiastrauch bot genügend Schutz für die Ruhezeiten, zum Fressen gab es Mäuse, hin und wieder ließ auch Miezi etwas Futter in der Schüssel, das die dürre, rotbraune Katze gierig verschlang. Blacky, der schwarze Kater, kam nicht mehr, wir hofften, daß er anderswo ein festes Zuhause gefunden hatte und uns nicht mehr brauchte.

Die Rotbraune war nicht so scheu wie ihre Tochter, die Mutter von Mini und Max, die sich bei uns überhaupt nicht mehr sehen ließ. Wahrscheinlich lebte sie nicht mehr. Großmütterchen aber, wie wir die rotbraune Katze nannten, stob nicht davon, wenn wir uns ihr näherten, sie ließ sich sogar zuweilen anfassen und streicheln. So stellte ich eines Tages auch ihr etwas Futter vor die Nase, das sie dankbar annahm. Sonst aber hielten wir Abstand, ins Haus sollte Großmütterchen auf keinen Fall.

Im Spätsommer wurde sie wieder einmal schwanger, ihre Jungen bekamen wir nicht zu Gesicht, allem Anschein nach überlebten sie die ersten Lebenstage nicht. Wo sie sich den Winter über vor Nässe und Kälte verbarg, wußten wir nicht, allerdings kam sie täglich zum Fressen. Im Frühsommer brachte sie ein schwarz-weiß-braun gemustertes Katzenkind zur Welt, das wir erst entdeckten, als es von der Mutter nicht mehr ernährt wurde. Eines Morgens saß es mit ihr an der Futterschüssel. Als es bei unserem Näherkommen davonstob, bemerkten wir, daß es nur einen Hinterlauf hatte. Das andere Bein schien unter dem Fell zu stecken, bei jeder Bewegung schob sich der Fellklumpen nach vorn und rieb sich am gesunden Hinterlauf. Eine Mißbildung also, wahrscheinlich auf Dauer kaum lebensfähig.

Als das Kätzchen ein Vierteljahr alt war, baten wir unsere Tierärztin, einmal zu uns zu kommen und es sich anzusehen. Greifen konnten wir es leider nicht. Wir hatten aber Glück! Als wir zusammen den Garten betraten, hoppelte es gerade mit der Mutter zum Forsythiastrauch.

Es wäre Quälerei, wenn wir das Tierchen am Leben ließen, sagte die Ärztin später. Versuchen Sie es in die Falle zu bekommen, ein schmerzloser Tod ist hier immer noch besser als ein schmerzhaftes Dahinsiechen.

Vierzehn Tage später begruben wir das Kätzchen an der Gartenmauer. Großmütterchen, nun wieder allein, suchte fortan mehr als bisher unsere Nähe, ab und zu lag sie sogar in Reichweite unserer Katzen, bloß Whisky jagte sie stets davon, wenn sie ihr zu nah kam.

Um auch hier weiteren Kindersegen abzuwenden, ließen wir Großmütterchen im Sommer sterilisieren. Sie überstand den Eingriff schnell und gut, und nachdem die Fäden gezogen waren, verließ sie Pfarrhof und Pfarrgarten höchstens noch zu kurzen Spaziergängen in den Grund. Unser Nachbar, der sie zufällig bei uns entdeckte, war erstaunt, daß sie noch lebte, er hatte sie längst totgeglaubt. Sie versteckte sich vor ihm, auf diese Weise gab sie zu verstehen, wo sie zu bleiben wünschte.

Als der Herbst mit Nebel, Regen und Kälte kam, richteten wir ihr ein Lager im untersten Fach des Regals ein, das im Vorflur zwischen Haustür und Windfangtür steht und auf dem wir allerlei Gartenkram aufbewahren. Hier hatte sie es trocken und auch einigermaßen warm, da ein Heizungsrohr unterhalb des Regals entlangführt. Die

Haustür ließen wir tagsüber einen Spalt offen, abends, wenn Großmütterchen es sich auf dem Kissen bequem gemacht hatte, wurde die Haustür geschlossen, auf diese Weise klappte unser Zusammenleben reibungslos.

Inzwischen gehört Großmütterchen als Hof- und Regalkatze voll zu unserer Katzenfamilie. Sie ist dicker geworden und hat ein weiches, glänzendes Fell bekommen. Auch sie verlangt nach Streicheleinheiten, selbst Whisky erträgt es längst, wenn sie im Sommer neben ihr im Gras liegt. Mit Miezi allerdings steht Großmütterchen auf Kriegsfuß. Kaum daß sie Miezi bemerkt, stürzt sie wütend zu ihr hin, um sie zu vertreiben, und die feige Miezi huscht jedesmal schnell davon, der neueste Fluchtweg führt über die Weide auf das Dach der Pfarrklause und von dort auf den Alten Friedhof.

Mit fremden Katern legt sich Großmütterchen nicht an. Tauchen sie in ihrer Nähe auf, verkriecht sie sich in irgendeine Ecke oder kuschelt sich ins hohe Gras. Meist überläßt sie ihnen auch freiwillig ihr Futter. Seit ich zufällig bemerkte, wie ein hellgrauer, großer Kater sich gierig auf ihr Futter stürzte, während Großmütterchen verschreckt hinter der Wassertonne hockte, halte ich regelmäßig bei ihr aus, bis sie sich sattgefressen hat.

Der Hellgraue scheint ein rechter Überlebenskünstler zu sein. Er frißt sich überall durch, selbst bei der Tierärztin taucht er ab und zu auf und läßt sich das Futter ihrer beiden Katzen schmecken. Und nicht nur das: Letztens überraschte sie ihn, als er im Schlafzimmer ausgestreckt auf einem der beiden Betten lag und schlief. Etwa eineinhalb Meter unterhalb des Schlafzimmerfensters befindet sich das Garagendach, eine Kleinigkeit für den Hellgrauen, von dort durch das offene Fenster auf das weiche Bett zu springen. Erst der lautstarke Protest der Ärztin veranlaßte ihn zu verschwinden, nicht einmal schnell, sondern recht gemächlich.

Nein, den Hellgrauen füttere ich nicht, der kommt auch ohne meine Hilfe aus. Ein weißer Kater jedoch, mit einem schwarzen Fleck auf dem Rücken und einem schwarzen Schwanz, kriegt jeden Morgen etwas zu fressen von mir. Er ist mager, ängstlich und keineswegs hübsch. Ich wurde auf ihn aufmerksam, als er auf dem Rand der Wassertonne hockte und trank. Natürlich preschte er davon, als ich ihn anrief, am anderen Tag aber saß er auf dem Trockenplatz im Garten und maunzte leise vor sich hin. Als ich ihm den Futternapf brachte, versteckte er sich unter einem Stachelbeerstrauch, um etliche Zeit danach geduckt und vorsichtig zurückzukehren und in Windeseile das Futter hinunterzuschlingen. Armer Kerl, dachte ich, dir geht es nicht gut, paß auf, daß dich der Hellgraue nicht zu packen kriegt, bei dem ziehst du auf jeden Fall den kürzeren.

Damit sollte ich leider recht haben. Plötzlich ertönte lautes, schrilles Katzengeschrei im Garten. Whisky und Mohrchen flüchteten erschrocken zur Haustür, ich dagegen rannte in den Garten und sah den Hellgrauen, der erbarmungslos auf den Weißen eindrosch. Ein wirres, schreiendes Knäuel wälzte sich im Gras, Fellfetzen flogen, ich hatte Mühe, den Hellgrauen zu vertreiben. Der Weiße blutete am Ohr, hinkend verschwand er im Gebüsch, ein armseliges Häufchen Elend, um das ich mich weiterhin wohl kümmern mußte, um ihm überhaupt eine Lebenschance zu geben.

Seit langem nun sitzt er morgens neben der Großmutter vor der Haustür und wartet auf sein Futter. Ich bleibe neben ihm, bis er satt und zufrieden davontrabt, währenddessen liegt der Hellgraue meist auf dem Dach der Pfarrklause und wartet, ob nicht doch ein paar Brocken übrigbleiben. Gehe ich zu früh ins Haus, fällt er regelrecht vom Dach, vertreibt die anderen allein durch seine Gegenwart und frißt blitzschnell alle Näpfe leer.

Und noch ein Kater wartet seit einiger Zeit auf mögliche Futterreste: jenes schwarze Tier mit weißen Pfoten und weißem Brustlatz, vor dem Timo aus dem Gebüsch wieder auf die Mauer und damit in meine Arme geflüchtet ist. Ein hübscher, gut genährter Bursche, dessen extrem kurze Beine ihm den Spitznamen Dackelkater eingebracht haben. Erst saß er bloß auf dem Komposthaufen und scharrte dort nach freßbaren Resten, saß dann am Taubenturm und fraß, was Großmütterchen übrigließ, und wagte sich immer näher an unser Haus heran. So stellte ich auch ihm eine Futterschüssel hin, er fraß gemächlich und ließ sich von mir streicheln. Also mußte er schon einmal mit Menschen gute Erfahrungen gemacht haben, möglicherweise war er während der Ranzzeit davongezogen und fand nicht zurück. Fand vielmehr zu uns, rückte, einmal gefüttert, täglich näher, war ziemlich besitzergreifend, was Großmütterchen oft mit lautem Geschrei quittierte. Ein paarmal stürzte ich herbei, in der Annahme, die Katze vor der Wildheit des Katers retten zu müssen. Er hockte aber nur ein bißchen dümmlich vor ihr, während sie prophylaktisch schrie, ich redete ihr gut zu, streichelte sie, streichelte ihn und kümmerte mich fortan nicht mehr um das hysterische Gehabe, mit dem sie sich immerhin einen gewissen Respekt verschaffte.

Miezi hingegen, dieses hübsche, liebe und so überaus feige Tier, stürzt davon, wenn sich ihr der Schwarze nähert, natürlich saust er fröhlich hinter ihr her, so eine Verfolgungsjagd scheint ganz nach seinem Geschmack zu sein. Meist endet sie unter einem Baum, in dessen Krone Miezi verängstigt schaukelt, während der Schwarze unten Posten bezieht. Es dauert jedesmal einige Zeit, ehe er davonschleicht und Miezi sich, überaus geschickt, nach unten hangelt, um irgendwo zu verschwinden. Ihre Angst hindert sie neuerdings sogar daran, wie bisher zum Fressen an die Haustür zu kommen, ich bringe ihr das

Futter also auf den Alten Friedhof, sie springt herzu, wenn ich sie rufe, ich muß nur aufpassen, daß der Schwarze sie nicht findet. Der Schwarze, der gewiß ins Haus käme, wenn unsere Katzen das dulden würden. Sie dulden es nicht, vor allem Whisky spielt verrückt, wenn sie ihn sieht. Ich tröste ihn dann, indem ich ihn streichle, manchmal wirft er sich mit Schwung auf die Seite und streckt mir seinen Bauch entgegen und schnurrt laut und fröhlich.

Und dann gibt es noch Sternchen, eine kleine, graugestreifte Katze, die sich im Vorgarten einquartiert hat. Dort hat Christof sie unter dem Weinspalier entdeckt, und weil auch er ein Katzennarr ist, hat er ihr eine Schale mit Milch hingestellt und mich danach jeden Tag um ein bißchen Futter für sie gebeten. Du und Dein Sternchen, habe ich ihn geneckt, einmal füttern, und wir werden sie nicht los, das weißt du so gut wie ich.

Er hat genickt, und ich habe mir Sternchen angesehen, eine zarte Herbstkatze, die mich, als ich die Hand nach ihr ausstreckte, vernehmlich anfauchte. Na-na, sagte ich, sei schön brav, sonst kriegst du nie wieder etwas von uns, wo kommst du her und warum hast du dich ausgerechnet hier eingenistet?

Natürlich blieb die Antwort aus. Sternchen, hellgrau gestromt, dünn, wild, scheu, bestand ihre ersten Liebesabenteuer im Vorgarten mit dem Schwarzen, der sichtlich in sie vernarrt war und ihr nicht von der Pelle rückte. Die Folgen ihres Zusammenlebens blieben nicht aus, seufzend bemerkte ich, wie Sternchens Bauch dicker und dicker wurde. Jeden Morgen und jeden Nachmittag saß sie im Vorgarten und wartete auf ihre Mahlzeit, mit der Zeit faßte sie immerhin so viel Vertrauen, daß ich sie flüchtig berühren konnte. Im September erschien sie ein paar Tage nicht, danach war sie wieder rank und schlank, ich suchte den Vorgarten nach ihren Kindern ab, entdeckte sie natürlich nicht. Meine zwar verständliche, aber doch törichte Hoffnung, daß der Nachwuchs nicht lebensfähig war, trog leider. Ende Oktober brachte Christof zwei kleine schwarze Kätzchen vom Alten Friedhof, sie hatten dort auf der Schuppenmauer in der Sonne gespielt und ihn nicht bemerkt, weil sie blind waren. Etwa sieben Wochen alt, unterentwickelt, krank, von Mutter Sternchen ziemlich vernachlässigt. Wir legten sie in den Katzenkorb und stellten den Korb in den warmen Gemeinderaum, die Kleinen schliefen, sie schliefen sich, mit Hilfe unserer Ärztin, schmerzlos in den Katzenhimmel. Sternchen schien sie nicht zu vermissen, sie kam weiter zum Fressen, ließ sich immer bereitwilliger streicheln und sogar aufnehmen. Ein hübsches, zartes, aber auch zähes Tier, welchen Kindersegen würde sie uns im kommenden Jahr bescheren? Und wo und wie würden wir ihn finden?

Es hilft alles nichts, sagte ich zu Christof, sie muß sterilisiert werden, ich lasse mir einen Termin geben, und wenn die Kleine diesen Eingriff nicht übersteht, können wir es nicht ändern.

Das klang kaltschnäuzig, dabei war mir keineswegs so zumute. Ich hatte Sternchen gegenüber sogar ein schlechtes Gewissen. Aber es mußte sein, und so wurde ein OP-Termin vereinbart, ich konnte Sternchen früh am Morgen in den Katzenkorb schieben, und dort verbrachte sie nach der OP auch den Tag und die folgende Nacht. Am Morgen entließ ich sie auf dem Alten Friedhof in die Freiheit, sie verschwand im Schuppen, kam aber zum Fressen, ließ sich nach einer Woche die Klammern abnehmen und freut sich weiterhin ihres Lebens, trotz Herbstkälte und Regen und erstem Schnee. Wie der Schwarze, sucht auch sie im Schuppen Schutz vor Kälte und Nässe, ob sie den Winter übersteht, ob alle unsere wilden Katzen den Winter übersteht, ob alle unsere wilden Katzen den Winter überstehen werden, wissen wir nicht. Wir können sie gut und reichlich füttern und uns auch um sie kümmern, eine warme Schlafstatt können wir ihnen nicht bieten. Wir können nur hoffen, daß sie die kalte Jahreszeit mit unserer Hilfe einigermaßen hinter sich bringen, ohne Krankheit und ohne große Not.

Abgesang

Manchmal frage ich mich, wer eigentlich meinen Tagesablauf bestimmt und regelt: ich selbst – oder unsere Katzen?

Eine Antwort erübrigt sich, sie fiele wahrscheinlich nicht zu meinen Gunsten aus. Da wir uns aber gegenseitig zu immer wiederkehrender Regelmäßigkeit erzogen haben, kommt es kaum zu Komplikationen, ich richte mich nach den Wünschen und Bedürfnissen der Tiere, sie richten sich wenigstens hin und wieder nach meinen Wünschen und Bedürfnissen, auf diese Weise kommen wir gut miteinander aus, und die Harmonie der Tage wird nur gestört, wenn eines der Tiere krank oder wieder einmal nicht auffindbar ist.

Ich bin ein Frühaufsteher. Sommers wie winters bin ich gegen fünf Uhr wach, ich mag dann nicht länger im Bett bleiben, das liegt keineswegs nur an meiner Aktivität, sondern auch an meinen schmerzenden Knochen. Sie müssen erst wieder in Bewegung kommen, damit ich sie nicht mehr wahrnehmen muß. Also raus aus den Federn und hinein ins Bad, aber Vorsicht, meist wuseln Krümel und Timo fröhlich um meine Füße, wenn ich aus dem Schlafzimmer komme; ich will sie weder treten noch über sie stolpern, zum Glück jagen sie sich gegenseitig durch das Treppenhaus, sobald ich das Flurlicht angeknipst habe. Mohrchen sitzt schon hungrig auf der Küchenbank, Whisky hockt vor dem Wassernapf, nur von Mausi ist noch nichts zu sehen. Entweder schläft sie im Wohnzimmer auf der Couch oder in Christofs Bett, im Gegensatz zu den anderen braucht sie morgens eine geraume Zeit, um richtig wach zu werden.

Binde ich mir dann in der Küche die Schürze um, fängt das fröhliche Treiben erst richtig an. Timo und Krümel springen auf den Tisch, aufgeregt warten sie auf ihr Futter, lassen keinen Blick von meinen Händen, drängen sich an mich, ich habe Mühe, ihnen Fleisch und Naßfutter hinzustellen. Mohrchen und Whisky warten geduldiger, wie es sich für ältere Damen ziemt. Unten im Vorraum macht sich schon Großmütterchen bemerkbar, sie stürzt sich später auf die Schüssel, als habe sie tagelang hungern müssen. Kaum daß ich die Haustür aufgeschlossen habe, trabt der schwarze Kater Henri heran, bevor er frißt, muß ich ihn streicheln, immer wieder schiebt er seinen großen Kopf gegen meine Hand, dabei schnurrt er laut. Im Vorgarten wartet Sternchen, auch sie muß ich streicheln. Manchmal nehme ich sie auf den Arm, sie läßt es sich gefallen, strebt aber zum Futternapf, Schmusen ist ganz hübsch, Fressen um vieles wichtiger.

Zuletzt bekommt Mausi ihr Frühstück, sehr kleingeschnittenes Hühnerfleisch, das ich ihr bröckchenweise hinschiebe, sie kann es mit ihren wenigen Zähnen zerkauen, aber sie braucht Zeit dazu. Diese Zeit nehmen wir uns. Erst wenn ihr Brettchen leer ist, gönne ich mir eine große Tasse Kaffee, ich bin eigentlich kein Kaffeetrinker, aber dieser Morgenkaffee schmeckt köstlich. Danach mache ich den Napf für Miezi zurecht, sie wird jedoch noch nicht gefüttert, neuerdings bleibt sie unauffindbar bis zum späten Vormittag. Und der weiße Kater kommt seit einiger Zeit überhaupt nicht mehr, ich weiß nicht, was ihm geschehen ist.

Und dann endlich kann ich mich um unser Frühstück kümmern, die Tiere sind versorgt, satt und zufrieden fallen sie in einen tiefen und langen Morgenschlaf, nur Krümel wartet geduldig neben meinem Stuhl am Frühstückstisch. Kaum daß ich mich gesetzt habe, springt er auf meinen Schoß, kuschelt sich zurecht und will gestreichelt werden, meine Schwierigkeiten beim Essen des Toastbrotes interessieren ihn nicht, er ist da, das habe ich gebührend zur Kenntnis zu nehmen. Ich versuche, möglichst still zu sitzen, damit er sich nicht gestört fühlt, erst, wenn wir fertig gefrühstückt haben, schiebe ich ihn von meinem Schoß, beleidigt springt er davon, sucht sich einen ruhigen Platz und schläft endlich auch.

Die nächsten Stunden gehören mir und meiner Arbeit. Das Katzenvolk schläft zufrieden, und ich bin froh, weil es allen gut geht. Irgendwann am späten Vormittag will Whisky auf den Hof, sie dreht ihre Runde, im Sommer legt sie sich gern in die Sonne, im Winter liegt sie lieber in der warmen Wohnung. Friedlich schläft sie weiter, und ich genieße die Ruhe, die von den Tieren ausgeht.

Mittags dann, wenn sich der zweite Hunger meldet, gibt es einen erneuten Wirbel, aber gemäßigter als am Morgen. Und dann wird getobt und gespielt und wieder gedöst; wenn ich am Schreibtisch sitze, kommt oft einer der Kater zu mir und schaut mir zu, wenn ich gegen Abend im Wohnzimmer sitze, liegt gewiß einer der Kater oder Mausi auf meinem Schoß, nachts kriecht Mohrchen zu mir ins Bett, und Whisky schmust mittags mit Christof, sie wartet geradezu, daß er sich für eine halbe Stunde hinlegt, gleich springt sie zu ihm, reibt ihren Kopf an seinem Gesicht und verlangt nach Zärtlichkeit.

Ein Leben mit Tieren – zugegeben, es gibt Stunden, da wird mir die immer wiederkehrende Arbeit fast zuviel, da möchte ich einmal einen Tag ganz für mich haben, ohne die Sorge um die vierbeinigen Hausgenossen und um die Zugelaufenen im Hof und auf dem Alten Friedhof. Ich möchte auch einmal in Ruhe verreisen können, ohne ein schlechtes Gewissen haben zu müssen und ohne die ständigen Gedanken an zu Hause. Aber dann braucht nur eines der Tiere auf meinen Schoß zu springen, um es sich dort mit schönster Selbstverständlichkeit bequem zu machen, schon bin ich mit seiner Gegenwart und den sich daraus ergebenden Folgen ausgesöhnt. Ich streichle das weiche Fell, rufe die anderen, freue mich an ihrer Lebendigkeit und Grazie und weiß, daß alle Belastungen wenig zählen, gemessen an der Freude, die mir täglich durch die Tiere zuteil wird. Sie gehören nun einmal zu unserem Leben dazu, füllen unsere Tage mit ihrer Gegenwart und schenken uns mit ihrem Vertrauen und ihrer Zuneigung einen ganz besonderen Reichtum, auf den wir nicht verzichten wollen.

Daß sie mich hin und wieder auch zum Geschichtenschreiben anregen, ist ein weiteres Positivum unserer Beziehungen. Jede von ihnen ist anders, jede von ihnen kommuniziert mit uns auf eine ganz eigene Art, jede von ihnen ist ein Stück Leben, über das ich nachdenken und von dem und an dem ich lernen kann. Selbst die zugelaufenen Kostgänger regen meine Phantasie an, und so soll hier noch eine kleine Erzählung angefügt werden, die ich kurz vor Weihnachten 1993 schrieb, anläßlich unserer jährlichen »Musik im Kerzenschein« in der Beesenstedter Kirche. Der schwarze Kater trug sie mir förmlich ins Haus, nichts darin ist so, wie es sich in unserer Wirklichkeit abspielte, und doch ist es die Wirklichkeit, in der wir uns alle bewegen, die mir diese Geschichte eingab. Die Wirklichkeit, die jeden von uns betrifft und die weder für Menschen noch für Tiere leicht und komplikationslos zu bestehen ist. Die aber zu bestehen ist, solange wir immer wieder aus Müdigkeit und Depression herausfinden zu einem tätigen, wachen Dasein, in dem nicht nur wir wichtig sind, sondern auch die Kreatur, die mit uns und neben uns lebt.

Kater Henri

Mit der Frau Demut, so sagen die Bewohner des Mietshauses in der Korngasse, ist nichts mehr los, seit sie keine
Arbeit mehr hat. Früher war sie freundlich und fröhlich,
hilfsbereit, naja, eben ganz normal. Seit die Firma, in der
sie jahrelang gearbeitet hat, pleite gegangen und sie also
arbeitslos geworden ist, kriegt sie den Mund nicht mehr
auf, läßt sich kaum sehen, kommt nur selten aus ihrer
Wohnung, sieht schlecht aus, und was war sie früher doch
für eine attraktive Person! Immer adrett gekleidet und
frisiert, seltsam, warum sie keinen Mann bekommen hat,
vielleicht eine unglückliche Liebe oder zu wählerisch, allem Anschein nach hat es sie nicht gestört, allein durchs
Leben gehen zu müssen. Zumindest damals, als sie noch
Arbeit hatte. Jetzt gleicht sie ihrem eigenen Schatten,
mauert sich regelrecht in ihrer kleinen Wohnung ein und
will aus der Isolierung nicht heraus.

So reden die Bewohner des Mietshauses in der Korngasse schon mal miteinander, und heimlich denken sie:
Ob die Demut wenigstens in der Adventszeit bei jedem
von uns einmal hereinschaut? Das hat sie jedes Jahr getan,
und für jeden hatte sie eine kleine Überraschung, eine
Kerze oder einen Tannenzweig mit selbstgebastelten
Sternen oder ein paar Süßigkeiten für die Kinder. Auf die
Überraschungen können wir verzichten, wenn sie nur
selbst käme und nicht weiterhin stumm und blaß an uns
vorbeihuschen würde. Wir würden sie auch gern zu uns
einladen, aber sie hört überhaupt nicht, wenn man sie an-
spricht.

Carola Demut, so um die Fünfzig, hat ein scheußliches
Jahr hinter sich. Arbeitslos – das empfindet sie fast als
persönliche Schande. Nie hätte sie es für möglich gehal-

ten, daß ihr das Leben nutzlos und sinnlos durch die Finger rinnen würde, schon morgens nicht wissen, wie man den Tag übersteht, das hält man vielleicht ein paar Wochen aus! Wenn sich dieser Zustand jedoch über Monate hinzieht, wird man gemütskrank!

Dazu dieses trübe Spätherbstwetter, Nebel und Kälte und zuweilen Regen, am besten, sie bleibt morgens lange im Bett und legt sich schon am frühen Abend wieder in die Federn, und das Leben können andere leben, alle, die noch Arbeit haben beispielsweise, ihr kann das Leben allmählich gestohlen bleiben, und an das Kind in der Krippe wird sie kaum denken, es hat den Menschen Liebe und Hoffnung bringen wollen, aber die Menschen können mit diesen Geschenken anscheinend nichts anfangen. Zugegeben: sie auch nicht. Alle Hoffnung auf Besserung ihres Zustandes hat sie verloren, und was soll sie schon mit der Liebe zu tun haben, sie liebt nicht einmal mehr sich selbst, wieviel weniger andere Menschen. Daß sie trotzdem auf Liebe hofft oder zumindest auf ein Zeichen, auf einen Hinweis, wie sie mit ihrem Leben wieder besser zurechtkommen kann, gesteht sie sich nur selten ein, und höchstens kurz vor dem Einschlafen murmelt sie hin und wieder ein Stoßgebet: Lieber Gott, hilf mir!

Niemand weiß, ob Gott Stoßgebete dieser Art hört und erhört und wie er sie möglicherweise erhört. Und so kann die Carola Demut später auch nicht sagen, ob das, was da an einem trüben Dezembertag geschieht, bloß reiner Zufall ist oder ob Gott ihr im rechten Augenblick die Augen geöffnet hat, damit sie dieses Häufchen Elend überhaupt bemerkt, das da zwischen den Kellerfenstern an der Hauswand hockt und kläglich vor sich hin wimmert.

Eine Katze oder ein Kater, schwarz mit weißem Brustlatz und vier weißen Pfoten, dünn, struppig, wahrscheinlich ein heimatloses Tier, ausgesetzt, verstoßen, vielleicht hat es sich auch verlaufen. Es starrt die Carola Demut mit großen Augen an, stumm jetzt, beinahe leblos. Erst als sie vorübergehen will, ohne sich weiter nach ihm umzusehen, stößt es einen lauten, klagenden Schrei aus, der klingt so schaurig, daß sich Carola Demut erschrocken umdrehen und niederbeugen und, wie unter einem Zwang, das Tier auf den Arm nehmen muß. Ein dünnes, halb verhungertes Katzenvieh – und was soll nun mit ihm geschehen?

Carola Demut hat noch nie ein Tier um sich gehabt. Sie weiß gerade, daß Katzen Milch trinken und Mäuse fangen, das ist schon alles. Was sie mit diesem verwahrlosten Etwas anstellen soll, weiß sie nicht, im Grunde will sie mit ihm nichts zu tun haben. Trotzdem dreht sie sich jetzt auf dem Absatz um und trägt es hinauf in ihre Wohnung, zum Glück begegnet sie keinem auf der Treppe. In der Küche setzt sie das schwarze Wesen auf den Fußboden, gießt Milch in eine Untertasse und schiebt sie ihm unter die Nase, und dann schmiert sie ein Leberwurstbrot, schneidet es in kleine Stücke und legt es neben die Untertasse, und später setzt sie sich und schaut zu, wie Milch und Brot im Handumdrehen im Katzenmagen verschwinden. Also wird das nächste Leberwurstbrot geschmiert und auch noch das dritte, dann erst reckt sich das Tier, blinzelt sie an, springt mit einem Satz auf ihren Schoß und rollt sich zusammen, ein leises Schnurren verrät, daß es hier so bald nicht mehr fortwill.

Sie weiß nicht, was sie denken soll.

Also denkt sie nichts.

Aber sie spürt, wie eine kleine Wärme in ihr aufsteigt, ein Hauch von Zärtlichkeit, unwillkürlich legt sie die Hand auf das struppige Fell und beginnt es zu streicheln. Das Schnurren wird lauter, der Tierkörper schmiegt sich dichter an sie heran, sonst geschieht nichts. Zumindest nichts Greifbares, Sichtbares. Unsichtbar freilich geschieht viel: Eine Mauer wird langsam abgetragen, eine Mauer aus Selbstmitleid und verhaltener Wut und Neid – die Frau Krüger aus der Parterrewohnung hat ihre Anstellung bei der Sparkasse sicher, und die Frau Hofmann, die über ihr wohnt, ist neuerdings Filialleiterin bei der Edeka, und Herr Krüger und Herr Hofmann haben auch Arbeit, und die alten Schmitts von gegenüber kriegen eine gute Rente, bloß sie hat es getroffen, sie ist an den Rand gespült worden und wird nicht mehr gebraucht, und gerade die Erkenntnis, nicht mehr gebraucht zu werden, liegt auf der Seele wie eine Last und vergällt jede Lebensfreude.

Aber jetzt wird sie wieder gebraucht! Von einem armseligen Katzentier – ob es vielleicht jemandem hier im Haus gehört? Die alten Schmitts hatten früher einmal einen Hund, als er überfahren wurde, sind sie lange mit verheulten Augen herumgelaufen. Sie wird wohl fragen müssen, auch bei den anderen Mietern, vielleicht auch im Nebenhaus, und wenn sich kein Besitzer meldet, wenn sich – hoffentlich! – kein Besitzer meldet, dann …

Sie vergräbt die Finger in dem schwarzen Fell. Sie atmet tief auf. Aber noch rührt sie sich nicht, noch genießt sie die Wärme des fremden Lebens, seine Nähe, sein Vertrauen. Und spürt, wie eine kleine Hoffnung in ihr aufbricht, daß es nun auch mit ihr – vielleicht – ein wenig aufwärts gehen könnte.

Später nimmt sie einen leeren Karton vom Schrank, legt eine alte Decke hinein und stellt ihn neben den Kachelofen. Das Katzentier nimmt sogleich Besitz von diesem Karton, wie es zuvor Besitz von ihr genommen hat, satt und zufrieden schläft es in der Geborgenheit dieses Zimmers, und sie muß Futter einkaufen und Spreu, sie hat zu tun, endlich hat sie zu tun, das macht ihre Bewegungen leicht und ihr starres, verkniffenes Gesicht freundlich. Und als sie auf der Treppe mit Frau Krüger zusammentrifft, hastet sie nicht vorbei, sondern grüßt und bleibt stehen und fragt ein wenig atemlos, ob man eine Katze oder einen Kater vermisse, so genau kenne sie sich nicht aus, sie habe bloß so ein armes Tier gefunden und mit in die Wohnung genommen.

Frau Krüger verneint, sie haben kein Haustier, aber sie würde sich den Findling gern ansehen. Da nimmt Carola Demut sie mit in ihre Wohnung und deutet auf den Karton, ein Kater, sagt die Frau Krüger nach näherem Hinsehen, er scheint sich bei Ihnen wohl zu fühlen. Ich werde mich umhören, ob er vermißt wird, hoffentlich nicht, dann kann er bei Ihnen bleiben.

Carola Demut nickt, und später klingelt sie bei Schmitts und fragt und erzählt; die alte Frau Schmitt zieht sie gleich in die Küche und gießt ihr eine Tasse Kaffee ein, nein, einen Kater hätten sie nicht, sagt sie, aber es sei schön, daß sie nun wieder mit der Frau Demut sprechen könne. Ähnliches meint auch Frau Hofmann, die Carola Demut am Abend aufsucht. Ihre beiden Kinder wollen den Kater sehen, also nimmt Carola sie mit in ihre Wohnung. Der sieht aus wie Kater Henri in meinem Bilderbuch, sagt das kleine Mädchen, ich hätte auch gern einen lebendigen Henri, aber der gehört jetzt dir, nicht wahr?

Ja, denkt Carola Demut, jetzt gehört er mir. Oder vielleicht gehöre ich ihm? Hat er mich für sich ausgesucht, zwei Lebewesen, für die kein Platz mehr da ist, die von niemandem gebraucht werden – schaffen sie sich nun gemeinsam einen Lebensraum, in dem sie sich wohlfühlen können?

Ihr dürft Henri gern jeden Tag besuchen, sagt sie zu den Kindern. Und dann schmiert sie wieder ein paar Leberwurstschnitten, eine für sich und zwei für Henri, und sie brüht sich Tee und setzt sich in den Sessel und wartet, ob Henri zu ihr kommt, und natürlich kommt er, kuschelt sich in ihren Schoß und schnurrt. Und die Frau würde auch schnurren, wenn sie schnurren könnte, dabei hat sich eigentlich in ihrem Leben nichts geändert. Oder hat sich doch etwas geändert? Das Wichtigste nämlich: Daß sie wieder offen ist für das Leben und nicht mehr zugeschlossen bis zum Hals? Daß sie wieder Liebe empfinden kann, und sei es auch nur die Liebe zu einem Tier, und Hoffnung, die Tage fortan sinnvoll zu nutzen, trotz Arbeitslosigkeit, und sich nicht in Depressionen zu verlieren?

Während sie Henri streichelt, denkt sie an das kommende Weihnachtsfest. Nicht mehr voller Abwehr und Angst und Schrecken, sondern schon mit einer winzigen Vorfreude. Sie werden es sich beide gemütlich machen. Und vorher wird sie bei Krügers und Hofmanns und vor allem bei Schmitts kleine Überraschungsgeschenke abgeben, ein Zeichen, daß sie wieder lebt und die Starre überwunden hat, und daß sie sich wieder freuen kann! Auch darüber, daß ein Kind geboren worden ist, um den Menschen die Liebe und die Hoffnung zu bringen – wenn es sein muß, sogar durch ein Tier, das durch seine Not und Hilflosigkeit einem Menschen bewußt macht, wie reich sein Leben immer noch sein kann, wenn er nur über die eigenen Schwierigkeiten hinwegschaut und Liebe übt, wo immer ihm diese Liebe abverlangt wird.

Inhalt

Dingsda-Bücher

Louise von François
Vergessene Geschichte(n)
Aus der Provinz Sachsen und Thüringen
Band 1, 112 Seiten, kt., DM 15,80

»Durch feine Ironie, Weisheit und ›unerschöpflichen Humor‹, den die befreundete Marie von Ebner-Eschenbach an ihr hervorhob, sowie durch den unsentimentalen, gelegentlich an Fontane erinnernden Erzählton der François wird die Lektüre zum Genuß.« *(Mitteldeutsche Zeitung)*

Clara Förstner
Aus der Sagen- und Märchenwelt des Harzes, Band 1
184 Seiten, kt., DM 19,90

Aus der Sagen- und Märchenwelt des Harzes, Band 2
176 Seiten, kt., DM 19,90

Aus der Sagen- und Märchenwelt des Harzes, Band 3
128 Seiten, kt., DM 19,90

»Clara Förstner besitzt einen feinen Sinn für alles Märchenhafte und zum Fabulieren nicht nur Luft, sondern auch Talent. Ihr Prosabuch ›Aus der Sagen- und Märchenwelt des Harzes‹ ist sinnig und anmutig und findet auch den verdienten Beifall.« *(Dr. Brieger/Harzer Monatshefte)*

Dingsda-Bücher

Gisela Stockmann
Schritte aus dem Schatten. Frauen in Sachsen-Anhalt
60 Seiten, 16 Abb., geb., DM 18,00

Mit Katharina von Bora, Caroline Neuber, Dorothea Erxleben, Anna Louisa Karsch, Caroline Bardua, Louise von François, Hedwig Courths-Mahler und Christa Wolf.

Reinhold Andert
Der Thüringer Königshort
256 Seiten, 1 Karte, geb., DM 39,80

Dieser wissenschaftlich fundierte Geschichtskrimi ist lehrreich und unterhaltsam zugleich.

Prof. Hermann Größler
Führer durch das Unstruttal von Artern bis Naumburg
XVI, 256 Seiten, 1 farbige Karte, kt., DM 24,80

Prof. Hermann Größler
Sagen der Grafschaft Mansfeld und ihrer nächsten Umgebung
280 Seiten, 1 Abb., kt., DM 19,90

Dingsda-Bücher

Prof. Hermann Größler
Nachlese von Sagen und Gebräuchen der Grafschaft Mansfeld ...
56 Seiten, kt., DM 9,80

Kurt Zeising
Mansfäller Witze
Band 1 u. 2, geb., je DM 10,80

Erik Neutsch
Totschlag
296 Seiten, geb., DM 39,80
broschiert DM 25,00

»Haben Sie vielen Dank für den neuen Neutsch (Totschlag); ich stehe noch ganz unter dem Eindruck dieses mutigen Buches ...» *(Aus dem Leserbrief von Thomas B., Thale)*

Vom Ritterkreuzträger zum Oberst der NVA
Walter Lehweß-Litzmann
Absturz ins Leben
360 Seiten, 25 Bildtafeln, geb., DM 45,00

Die Biographie eines Kampffliegers, die in keine Schablone paßt!